KB142903

민감한 나로 사는 법

BINKANSUGITE KIZUTSUKIYASUI ANATA E

Copyright © 2016 Souun Takeda
All rights reserved.

First original Japanese edition published by PHP Institute, Inc. Japan.
Korean traslation rights arranged with PHP Insititute, Inc. Japan.
through CREEK&RIVER Co., Ltd. And Eric Yang Agency, Inc.

이 책의 한국어판 저작권은 에릭양 에이전시를 통한 저작권사와의 독점계약으로 글담 출판사에 있습니다.
저작권법에 의해 한국 내 보호를 받는 저작물이므로 무단전재와 복제를 금합니다.

민감한 나로 사는 법

내 안에 숨은 긍정 기질을 깨우는 43가지 인생 기술

다케다 소운 지음 | 김지윤 옮김

글담출판

저는 주위 사람들에게 '타고난 기질이 긍정적이고, 작은 일에 연연하지 않는 사람' 같다는 말을 자주 듣습니다.

맞는 말입니다. 하지만 저도 원래부터 그랬던 것은 아닙니다.

어렸을 때는 민감하고 예민해서 다른 사람의 기분을 지나치게 살피는 성격이었습니다. 특히 서예가로 명성을 얻으며 방송에 출연하면서부터는 세간의 평판을 많이 신경 쓰게 되었고, 저의 발언으로 인해 누군가가 상처를 받거나 기분이 상하지는 않을까 하는 불안감을 항상 안고 있었습니다.

이렇게 남들보다 민감한 나 자신에게 지쳐갈 즈음, 문

득 이 민감함을 잘 이용하면 행복해질 수 있지 않을까 하
는 생각이 들었습니다.

민감한 사람은 습관적으로 타인의 안색을 살피고 속마
음을 읽으려 합니다. 또 자신에 대한 부정적인 평가를 지
나치게 신경 써서 필요 이상으로 위축되고 기가 죽는 경
향이 있지요.

그런데 반대로 생각해보면, 부정적인 부분에 민감한
사람은 긍정적인 부분도 민감하게 잘 감지할 수 있지 않
을까요?

민감한 사람은 타인의 장점이나 고민을 빨리 알아채기
때문에 배려심이 뛰어나고, 누구보다 풍부한 내면세계를
갖고 있기에 창의적이며, 자기 일에서도 열정적인 성향
이 강합니다.

또한 일상 속의 작은 행복이나 보통 사람들이 눈치채
지 못하는 자연과 예술 작품의 아름다움, 소리 없이 찾아
온 기회에도 반응하는 능력을 갖추고 있습니다.

민감한 사람은 행복을 잘 느끼는 체질을 타고난 행복
의 고수인 셈이지요.

평소 민감한 성격 때문에 걱정하면서 "기죽으면 안

돼”“신경질적으로 행동하면 안 돼”라고 자신을 부정하고 억누르는 사람은 “민감해도 괜찮아”라고 스스로를 보듬어야 합니다. 있는 그대로의 자신을 인정하는 연습을 해야 합니다.

민감함은 단점이나 약점이 아닙니다. 남들과 달라서는 안 된다고 끊임없이 부추기는 세상에서 이런 나의 성격을 고민하는 게 아니라 잘 활용해야 앞으로의 인생을 편하게 살 수 있습니다.

이 책에서 소개하는 저의 경험과 생각을 참고로 삼아 초조해하지 말고, 무리하지 말고, 자신에게 맞는 방법을 찾아보시기 바랍니다.

지금 제가 그런 것처럼 당신에게도 언젠가 “민감한 성격 덕분에 행복해질 수 있었다”고 말할 날이 찾아오기를 바랍니다.

다케다 소운

남들과 비슷해지려고 노력하지 않아도 됩니다.
민감한 자신을 인정하고
지금 모습 그대로 사랑하면 됩니다.

차례

1장

민감한 자신을 인정할 때
행복이 찾아온다

미리 걱정하느라 포기하는 건
바보 같은 짓이다

　　　　　　　자전거 타는 연습을 시작했던 때를
기억하시나요?

아마도 여섯 살 전후였을 당신은 처음에는 보조 바퀴
가 필요했을 겁니다. 보조 바퀴를 떼고 나서는 비틀거리
면서 3미터쯤 전진하는 데도 사력을 다했겠지요. 코너를
매끄럽게 돌거나 부드럽게 멈추지 못해서 몇 번이나 넘
어졌을지도 모릅니다. 무섭기도 하고 아프기도 하고 분
한 기분도 들었을 겁니다.

하지만 그렇다고 자전거를 못 타서 부끄럽다거나 다른
아이들처럼 못 탈 바에야 차라리 연습을 하지 않겠다면
서 그만두지는 않았겠지요.

자전거를 처음 배우는 아이의 머릿속에는 '자전거를 잘 타고 싶다' '어떻게 하면 잘 타게 될까?'라는 생각만 가득합니다. 결코 포기할 생각은 하지 않습니다. 만약 아이가 중간에 포기한다면 제대로 뒷받침해주는 사람이 없어서일 겁니다.

아기가 걷기 시작할 때도 마찬가지입니다.

'생후 10개월이 넘었는데도 걸음마를 못 떼면 어쩌지' 하는 고민이나 사람들이 비난할지도 모른다는 걱정 따위는 하지 않습니다. 그런 걱정을 하는 사람이 있다면 당사자인 아기가 아니라 남들의 시선을 의식하는 부모겠지요. 아기는 오직 본능과 필요에 의해 계속 걸으려 노력할 뿐입니다.

나이를 먹으면서 다양한 경험이 쌓이면 처음 겪는 일도 어느 정도 예측할 수 있게 됩니다. 그리고 어떤 일에 도전할 때 가능한 이유보다는 불가능한 이유부터 찾으면서 한발 뒤로 물러나는 성향이 생깁니다.

새로운 운동을 배우거나 악기를 제대로 연주하는 일, 혹은 붓글씨를 멋지게 쓰는 일은 어렵다고 미리 판단을 내리고 해보기도 전에 포기하기도 합니다.

능력이 없어서 불가능한 도전이라면 어쩔 수 없겠지만 잘하지 못해서 부끄럽다는 이유로 포기해버리면 당신의 가능성을 낭비하는 셈입니다.

내가 하고 싶어서 도전하는데 다른 사람 눈을 신경 쓸 필요가 있을까요?

저는 서예교실 학생들에게도 똑같이 말합니다.

심각한 악필이나 특이한 글씨체를 가진 사람이라도 시간과 공을 들여 연습하면 반드시 실력이 늘게 되어 있습니다. 편안하면서도 설레는 마음으로 자신의 속도에 맞춰 꾸준히 연습하면 안 될 것이 없지요.

처음부터 붓글씨를 잘 쓰는 사람은 없습니다. 실력이 느는 속도와 타이밍은 사람마다 다른 것이 당연합니다.

그런데 한 달 안에 서예의 기본기를 다지라거나 1년 안에 프로 수준으로 실력을 끌어올리라고 시간제한을 두면 어떨까요? 얼마나 힘들지 상상하는 것만으로도 질려버리고 말 겁니다.

남들보다 민감한 성향을 가진 사람은 예민한 신경 시스템을 가지고 있기 때문에 어떤 일을 시작할 때 그 일을 이루지 못할까 봐 미리 걱정하는 경향이 있습니다.

서두르지 말고, 조급해하지 말고, 경쟁하지 마시기 바랍니다. 결국 내 인생입니다. 누가 뭐라고 하든 스스로 원하는 일을 하면 됩니다.

도전만으로도 충분히 가치가 있다는 사실을 잊지 말아야 합니다.

나에게 힘이 되는 한마디

어떤 일을 시작하기도 전에 미리 걱정하느라
자신에게 온 기회를 놓친다면 너무 억울할 겁니다.
한 번뿐인 내 인생, 다른 사람 눈치 보지 말고
일단 도전해보는 건 어떨까요?

나에게 가장 편한 방법이 정답

일전에 구도 기미야스 씨(현 프로야구단 후쿠오카 소프트뱅크 호크스 감독 – 옮긴이)와 대담을 한 적이 있습니다. 저는 초등학교와 중학교 시절 야구를 했기 때문에 이 분야에 관심이 많아 감독님과 신나게 야구 이야기를 나눴는데, 도중에 뜻밖의 이야기를 듣고 충격을 받았습니다.

제가 야구를 하던 시절에는 공을 칠 때 팔을 어깻죽지 대각선 아래로 떨어뜨리면서 치는 '다운스윙'이 기본이었는데, 지금은 아래에서 위로 올려치는 '업스윙'이 상식이 되었다는 것입니다.

"정말요?" 하고 놀라자 구도 씨는 웃으면서 자세히 설명해주었습니다.

　"그 상식은 20년 전에나 통하던 거죠. 지금은 안 통해요. 그때는 왜 아무도 그 생각을 못 했을까요? 투수가 던진 공은 중력 때문에 아래로 떨어지게 되어 있잖아요? 위에서 아래로 떨어지는 공을 다운스윙으로 맞추려고 하면, 공과 방망이가 아래로 향하는 교차점에서 정확히 맞아야 해요. 하지만 업스윙으로 치면 아래로 내려오는 공을 그대로 받아칠 수 있어요. 당연히 맞출 확률도 올라가겠죠."

　듣고 보니 정말 그랬습니다. 그 외에도 예전과 바뀐 야구 이론이 수없이 많아서 '내가 학창시절에 열심히 배운 건 대체 뭐였던 걸까' 하는 생각이 들었습니다.

　이런 경험을 하고 나니 '상식'이나 '옳음'이라는 것이 무섭게 느껴졌습니다. 지금까지 믿어왔던 것이 시대가 변하면서 전혀 다른 것으로 바뀌는 경우가 심심치 않게 있으니 말입니다.

　내가 배운 것이 반드시 맞는다거나 무엇이든 반드시 정석대로 배워야 한다는 고정관념은 세상의 온갖 분야에 존재합니다.

그래서 저는 서예교실 학생들에게 서예는 꼭 이렇게 해야 한다는 식의 고정관념을 심지 않으려고 애씁니다.

왼손잡이인 사람이 고민스러운 얼굴로 "붓은 반드시 오른손으로 잡아야 하나요?"라고 물으면 저는 이렇게 대답합니다.

"붓을 양손으로 다룰 수 있다면 멋지겠네요. 어느 손으로 잡든 상관없습니다. 저도 원래는 왼손잡이랍니다. 양손으로 쓸 수 있다면 더 즐거울 것 같은데요?"

글자는 오른손잡이를 위해서 만들어졌기 때문에 오른손으로 붓을 잡으면 쓰기도 편하고 실력이 느는 속도도 빠릅니다. 무슨 일이든 실력을 빨리 향상시키기 위한 지름길은 있습니다. 하지만 지름길이 반드시 가장 좋은 길이라는 보장은 없습니다.

이렇게 말하면 "붓 쥐는 방법은 정해져 있지 않나요?" 하고 놀라는 사람도 있지만, '반드시'라고 할 만한 규칙 따위는 세상 어디에도 없습니다. 서예가가 이렇게 말하면 이상하게 들릴지 모르지만, 붓은 어떻게 잡든 상관이 없습니다.

애초에 중국인과 일본인은 붓을 잡는 방법이 전혀 다

룹니다.

중국에서는 붓을 옆에서 감싸듯이 손 전체로 잡는 사람이 많은 반면, 일본에서는 손가락으로만 쥐는 사람이 많습니다. 또, 같은 일본인이라도 손의 각도는 각양각색이어서 붓을 90도로 똑바로 드는 사람이 있는가 하면, 거의 옆으로 눕히다시피 하는 사람도 있습니다.

저도 서예교실 학생들에게 일단 붓 쥐는 방법의 정석을 가르쳐주기는 하지만 "잡기 힘드세요?"라고 물어본 뒤에 힘들다고 하면 편하게 쥐는 방법을 찾아보자고 말합니다.

글씨를 쓸 때의 자세도 마찬가지입니다. 반드시 정좌(正坐)하고 써야 한다는 생각은 단순한 고정관념입니다.

그래서 제 서예교실 학생들은 각자 자신에게 편한 자세로 글씨를 씁니다. 무릎이 아픈 사람은 무리해서 무릎을 꿇고 글씨를 쓸 필요가 없습니다.

흥미롭게도 저의 테니스 코치와 서핑 코치도 이렇게 말합니다.

"여러 가지 자세를 시도해 봤는데 어떤 게 가장 편하셨어요? 편하다고 느끼는 방법이 다케다 씨에게 가장 잘 맞는 방법이에요."

세상이 정한 올바른 방법에 매어 있으면 괴로울 뿐입니다.

남들보다 민감한 사람은 다른 사람보다 자기 자신에게 더 엄격한 기준을 적용합니다. 그런 이유로 세상의 가치관에 얽매여 있는 경우가 많습니다.

이제 그 속박에서 자유로워져서 스스로에게 가장 편한 방법을 찾아보시기 바랍니다. 그것이 당신에게 가장 잘 맞는 방법이자 올바른 방법입니다.

나에게 힘이 되는 한마디

세상이 정한 '옳음'에서 자유로워져야 합니다.
그것이 민감한 당신을 자유롭게 하는 길이자
가장 '옳은 일'입니다.

"세상이 정한 기준에서 벗어나
조금 더 자유롭게 살아도 괜찮습니다."

낮은 자신감도
장점이 될 수 있다

　　　　　자신감이 없다거나 현재 하는 일이 맞지 않는다는 생각에 불안하다면, 자신감이 없어도 할 수 있는 일을 찾아보시기 바랍니다.

　이렇게 말하는 저도 못하는 일, 자신 없는 일투성이였고 지금도 그렇습니다. 사실 서예교실을 열었을 때도 자신이 없었습니다.

　저의 스승님이자 어머니인 다케다 소요 씨에게 이제 서예교실을 열 만한 실력이 되었다고 인정받았을 때 저는 고작 스물다섯 살이었습니다. 열심히 배우기는 했지만 명망 높은 서예가들과 비교하면 저의 글씨는 보잘것없어 보였지요. 또 서예교실에 오는 학생들은 하나같이

나이가 지긋한 어르신들이었습니다.

애초에 서예교실에 다니는 성인 학생들은 어린 시절부터 서예를 배워서 이미 글씨를 잘 쓰는 경우가 대부분이고, 서예에 대한 열정도 넘칩니다. 돈을 받고 무언가를 가르쳐본 경험이 있는 사람은 알겠지만, 이런 상황에서는 더 긴장되게 마련입니다(여담이지만 불쌍한 제 남동생은 서예교실을 열었을 때 처음으로 들어온 학생이 전국서예대회에서 우승한 사람이었습니다).

평소에 학생들을 가르치다가도 문득 나한테 선생이라는 직분이 어울리는가 하는 생각이 머리를 스쳤고, 저명한 서예가가 많은데 나 따위가 학생을 가르쳐도 되는가 하는 생각을 떨쳐내기가 힘들었습니다.

지식과 경험, 자신감 모두 부족한 내가 학생들을 즐겁게 해줄 방법이 없을까 고민하던 중에 떠오른 연습 방법이 '바다에 가서 부채에 붓글씨 쓰기'와 '릴레이 서예'였습니다.

릴레이 서예는 한 사람이 한 획씩 그어서 글자 하나를 완성하는 공부법입니다. 〈세계에서 가장 받고 싶은 수업(世界一受けたい授業)〉이라는 방송의 담당 프로듀서가 제 책

에서 그 내용을 읽고 연락을 해왔습니다. 그렇게 연예인들이 릴레이 서예를 체험하는 방송을 진행하게 되었는데, 이 기획이 많은 호평을 받았습니다.

방송 덕분인지 전국의 학교에서 릴레이 서예 체험 수업을 한다는 말을 들었고, 저도 선생으로서 자신감이 생겼습니다.

남들보다 민감한 사람들은 자신의 행동 판단 기준을 높게 설정하는 성향 때문에 자신감이 대부분 낮습니다. 자신이 스스로 만든 높은 기준으로 인해 낮은 자존감이 형성된 안타까운 경우이지요.

그러나 걱정할 필요가 없습니다. 자신이 없으면 새로운 아이디어가 떠오릅니다. 자신이 없는 대신 창의적인 생각을 해내기 위해 노력하게 되는 것이지요.

릴레이 서예는 어떻게 보면 도피였지만, 나만이 할 수 있는 일을 찾다 보니 차별성을 발견할 수 있었습니다. 이 일을 통해서 제가 배운 것은 자신이 없으면 다른 방법을 찾으면 된다는 사실입니다.

저는 어려서부터 수다쟁이였습니다. 사람들이 참 잘도

떠든다면서 저를 생각 없는 까불이로 보는 게 콤플렉스였지요. 반에서 제일 정신 없는 아이였습니다. 그래서 저와는 정반대로 진지하고 말이 없는 미남 배우를 동경했습니다.

게다가 저는 서예가이기 때문에 말이 없어야 더 근사해 보이는지라 진로를 결정한 후에는 더더욱 고민이 많았습니다. 하지만 저는 일단 말을 하기 시작하면 멈출 수가 없어서 실컷 떠들고서는 후회하곤 했습니다.

그런데 지금은 말이 많은 덕분에 방송 출연도 하고 전국 각지에서 강연도 하며 매일 쉬지 않고 즐겁게 떠들고 있습니다.

서예교실에서는 학생들을 지도하고 커뮤니케이션을 하기 위해 진솔한 대화를 나눌 수 있어야 합니다. 수다쟁이, 가벼운 녀석이라는 별명은 저의 강점이 뭔지를 돌아보는 계기를 마련해주었고, 콤플렉스였던 수다스러운 성향이 사실은 저의 진정한 장점이라는 사실을 깨닫게 되었습니다.

나의 약한 부분과 자신감 없는 모습을 인정하면 새로운 나를 발견할 수 있습니다.

자신감이 없어도 당신이 할 수 있는 일을 찾아보시기 바랍니다. 그것이 당신의 새로운 개성이자 강점이 될 겁니다.

나에게 힘이 되는 한마디

자신감이 없는 사람은 자신의 약한 부분을 인정하고
창의적인 생각을 하기 위해 노력해야 합니다.
그럴 때 새로운 나를 발견할 수 있습니다.

못해도 된다고 생각하면 편안해진다

앞서 이야기 한 것처럼, 자신이 없기 때문에 할 수 있는 일을 찾게 되고, 그것이 나의 개성이 됩니다. 그렇다면 꼭 하고 싶은 일도 아닌데 굳이 잘하기 위해 애를 쓸 필요가 있을까요?

저는 어려서부터 조립을 못했습니다. 설명서를 몇 번이나 읽어도 이해가 안 될뿐더러 조립하는 일에 흥미가 눈곱만큼도 없었습니다. 이런 일에 가슴이 설레지 않은 것입니다.

그래서 프라모델을 완성한 적도 없고 조립식 가구를 구입한 적도 없습니다.

물론 저도 다 큰 어른이기 때문에 조립을 꼭 해야 한다면 못할 것도 없겠지요. 시간을 아주 많이 들이면 아마 완성할 수 있을 겁니다. 하지만 시간이 너무 걸리기 때문에 스스로 조립은 하지 않기로 정했습니다.

내가 못하는 일을 부정적으로 받아들이고 고민하기보다는 내가 할 수 있는 일에 주력하기로 한 것입니다.

최근의 일을 예로 들자면 젓가락 쥐는 방법 때문에 고민한 일이 그렇습니다.

저는 어려서부터 젓가락을 이상하게 쥐는 것이 콤플렉스였습니다. 왼손잡이기도 해서 교정하기를 포기하고 있었는데, 방송에서 제가 젓가락질하는 것을 본 시청자들이 지적을 해왔기 때문에 역시 고쳐야겠다 싶었습니다.

그래서 매너 강좌를 들으러 갔는데 결과는 역시 실패였습니다. 아무리 말해도 나쁜 버릇이 전혀 고쳐지지 않아 선생님이 포기할 지경이었지요. 저는 버릇을 고칠 수 있으리라고 기대하고 갔기 때문에 꽤 충격을 받았습니다.

그 이야기를 "선생님이 포기할 정도라니 대단하죠?" 하며 서예교실 학생들에게 우스갯소리 삼아 들려주었습니다.

그러자 학생 한 명이 "괜찮아요. 선생님도 할 수 있어요. 제가 유치원 교사잖아요. 젓가락질 못하는 아이를 몇 명이나 가르쳤거든요" 하고는 즉석에서 제대로 된 젓가 락질을 가르쳐주었습니다.

"왠지 두근거리는데요?"

"자신감을 가져요! 할 수 있어요. 힘을 조금만 더 빼보 세요."

"이렇게요?"

"맞아요. 잘하시는데요? 이왕 이렇게 된 거 확실히 숙 달해 봅시다!"

이렇게 격려를 받으면서 분위기에 휩쓸려 최선을 다했 더니 바른 젓가락질로 밥을 먹을 수 있게 되었습니다.

아직 몸에 익지 않아 다음 날에는 원래의 버릇이 다시 나왔지만 말입니다. 하지만 못해도 된다고 마음을 편히 먹었기 때문에 풀 죽을 일은 없었습니다.

지금도 '잘 못해도 괜찮다. 느긋하게 5년, 10년을 들여 서 몸에 익히면 된다'는 생각으로 기분이 내킬 때만 젓가 락질을 연습하고 있습니다. 조급해하지 않고, 서두르지 않고, 경쟁하지 않으면서 말입니다.

가구나 프라모델을 조립하지 못해도 사는 데 아무 지

장이 없습니다. 요리나 재봉질을 못해도 살아갈 수 있습니다. 못해도 된다고 생각하기 때문에 열등감도 없습니다.

못하는 일도 있지만 그만큼 할 수 있는 다른 일이 있기 때문에 인간적으로 뒤떨어진다고는 생각하지 않습니다.

이런 생각으로 살면 인생이 매우 편안해집니다.

나에게 힘이 되는 한마디

못해도 된다고 스스로를 용서해주면 열등감이 사라집니다.
조급해하지 말고, 서두르지 말고, 경쟁하지 말고
자기 스타일대로 살아가 보면 어떨까요?

"꼭 하고 싶은 일이 아니라면
굳이 잘하기 위해 애를 쓸 필요가 없습니다."

민감해도 나만의 방식으로 해내면 되니까

　　　　　　　　당신이 남들보다 민감한 사람이라면
"잘 못해도 된다"는 말을 들어도, 가능하면 해내고 싶다고
생각할 가능성이 높습니다. 민감한 사람의 눈에는 자신이
잘 못하는 부분만 확대되어 보일 가능성이 크기 때문입니
다. 실제로 많은 사람들에게 "어떻게 하면 일도 관계도 지
금보다 더 잘할 수 있나요?"라는 질문을 자주 받습니다.

　물론 무언가를 잘하는 방법은 무엇을 하고 싶은지 그
리고 그 사람의 상황이나 실력 등에 따라서 달라지겠지
만, 이런 질문을 받았을 때 제가 일반적으로 조언하는 것
은 세 가지입니다.

　첫 번째는 정확한 목표를 그리라는 것입니다.

"제가 너무 진지해서 그런지 아내가 제 얘기 듣는 걸 재미없어해요. 저도 재미있는 이야기를 잘하고 싶은데 말이죠"라고 말하는 남편을 만난 적이 있습니다.

이럴 때 중요한 것은 유머집이나 대화법 책을 사는 것이 아니라 먼저 정확한 목표를 설정하는 일입니다. 장미꽃을 원하지 않는 사람에게 장미꽃 백 송이를 선물한다고 한들 기뻐할 리 없습니다. 술을 못하는 사람은 아무리 고급 양주를 선물 받아도 감흥이 없을 겁니다.

이 사례에서는 '재미있는 이야기를 한다'가 아니라 '아내가 재미있어할 만한 이야기를 한다'가 올바른 목표입니다. 저 같으면 먼저 아내가 원하는 재미가 어떤 것인지부터 연구하고 정의를 내리겠습니다.

우선은 아내가 원하는 것이 개그맨처럼 대화 도중에 센스를 발휘해서 절묘하게 분위기를 띄우는 것인지, 아재 개그나 자폭 개그로 웃기는 것인지, 혹은 재치가 있으면서도 지적인 대화인지를 알아야 합니다. 어쩌면 아내가 원하는 것은 단순히 자기 이야기에 흥미를 가져주고 잘 들어주는 것일지도 모릅니다.

아내가 원하는 것이 뭔지를 정확하게 파악하면 노력해

야 할 방향을 알 수 있습니다.

부자가 되고 싶다는 사람도 마찬가지입니다.

밥 먹듯이 부자가 되고 싶다고 말하는 사람에게 "목표로 하는 연 수입이 얼마예요?"라거나 "구체적으로 얼마가 있었으면 좋겠고, 어떤 생활을 하고 싶어요?" 하고 물어보면 대개는 재산이 대충 어느 정도 있으면 좋을 것 같다며 애매한 대답을 합니다. 자신이 꿈꾸는 수준에 있는 부자의 생활 양식이나 사고방식, 고민, 그런 수준의 생활을 하기 위해서 어떤 식으로 돈을 벌어야 하는지 제대로 연구하는 사람은 보기 드뭅니다.

장래에 어떻게 되고 싶다는 명확하고 구체적인 비전 없이 아무 데로나 무작정 뛰다가 쓸데없이 고생만 하고 중간에 포기하는 사람이 많습니다.

앞으로도 반복적으로 이야기하겠지만, 고민만 하지 말고 일단 움직여보는 것이 중요합니다. 하지만 올바른 목표를 설정하지 않고 무작정 달리면 방향이 다르다는 사실을 깨달았을 때는 이미 길을 헤매고 있을 겁니다.

참고로 저는 회사를 그만둔 뒤에 주위에서 돈 때문에 고생할 거라는 말을 질릴 정도로 들어서 돈 걱정 따위는 하지 않았으면 좋겠다는 생각을 했습니다. 그래서 부자들은 어떤 사람들인지, 어떤 기분으로 돈을 쓰는지 대충이라도 알고 싶었습니다.

어느 날 5성급 호텔 라운지에 가서 그들의 행동을 관찰해보았습니다. 책만 읽으면서 정보 수집을 하는 것만으로는 부족하다고 느끼고, 실제로 부자의 행동을 보고자 했던 것이지요. 지금 생각하면 참 단순한 발상입니다.

그렇게 해서 부자에 대해 얼마나 알겠냐는 생각도 들지만, 흥미로웠던 점은 그곳을 이용하는 사람들은 5,000엔 정도 하는 점심을 아무렇지 않게 주문한다는 사실이었습니다. 가격을 보고 고민하는 모습이 전혀 없었습니다. 왠지 세련돼 보이면서도 허탈했습니다.

두 번째는 스스로 할 수 있는 일을 분명히 알고 도전하는 것입니다.

한 번은 어떤 분이 말주변 없는 본인 때문에 주위 사람들 분위기도 가라앉아 고민이라며 상담을 요청해왔습니다.

이럴 때 할 수 있는 일은 두 가지입니다. 먼저 분위기를 조금이라도 띄우기 위해서 진지하게 전략을 짜고 시간을 들여 연습하는 것입니다. 그러면 누구나 분위기를 띄울 수 있습니다.

물론 초보가 아카시야 산마(일본의 유명 MC이자 개그맨 – 옮긴이) 씨처럼 분위기를 띄울 수는 없습니다. 말주변이 없는 사람이라면 재치 있는 농담이나 누구나 웃음을 터트릴 만한 이야기도 하지 못할 겁니다.

하지만 웃기지는 못하더라도 손금을 공부하거나 간단한 카드 마술을 익히거나 재미있는 심리 테스트나 개인기를 준비해서 보여주는 등 분위기를 띄울 방법은 얼마든지 있습니다.

시간이 걸릴지는 모르지만 이럴 때도 서두르지 말고 조급해하지 말아야 합니다.

세 번째는 뒤에서 도움을 주는 것입니다.

말주변이 없는 사람은 배우가 되지는 못하더라도 그들을 보조하는 스태프가 될 수는 있습니다. 사람들과 어울리지 못하고 심심해하는 사람이 있으면 먼저 말을 걸거나, 일행들의 주문을 적극적으로 받아 적거나, 분위기를 부드럽게 하는 화제를 꺼내거나, 그 자리에 있는 일행을 칭찬해 보는 것도 좋은 방법입니다.

혹은 자기 자신과 일행 모두를 즐겁게 해줄 수 있는 사람을 불러도 됩니다. 이것도 넓은 의미로는 '그 자리의 분위기를 띄운다'에 포함되는 거 아닐까요?

구체적인 비전을 가지고 시간이 걸리더라도 분위기를 띄울 기술을 익힐 것인지 아니면 뒤에서 눈에 안 띄게 도움을 줄 것인지를 정하고, 자신이 정한 방법에 따라 열심히 연습하면 됩니다.

나에게 힘이 되는 한마디

민감한 사람의 눈에는 자신이 잘하지 못하는 부분만
확대되어 보일 때가 많습니다.
잘 못하는 일은 안 해도 된다는 사실을 기억하면
인생이 한결 편해집니다.

진정한 긍정이란
나의 약함을 인정하는 것

일전에 일 관계로 알고 지내는 지인이 회의를 하기 위해 저를 찾아왔을 때의 일입니다. 오랜만에 만나 얼굴을 보니 눈꺼풀 주위에 심한 염증이 있었습니다. 며칠 전부터 그런 증상이 나타났다고 하기에 빨리 치료를 받으라고 권했는데, 그는 괜찮다고 그냥 넘기려 했습니다.

"피곤해서 그런 거니까 괜찮아요. 괜한 걱정을 끼쳐서 죄송하네요."

"자기 몸부터 챙겨야죠. 원인이 뭔지 알았다면 이참에 생활 방식을 바꾸는 게 좋을 것 같은데요?"

이런 대화를 나누면서 저는 제가 병으로 쓰러졌던 때

의 일을 떠올렸습니다.

저도 그와 다를 바 없었습니다. 옛날에는 아버지가 늘 말씀하셨던 것처럼 '병원에 가면 왠지 진 것 같은 기분이 든다'는 생각에 병원을 피했습니다. 이제 와 돌아보면 도대체 누구한테 강한 척을 한 건지 모르겠습니다.

하지만 몇 년 전 담석증에 걸린 후로 생각이 바뀌었습니다.

생각해보면 병의 전조 증상은 분명히 있었습니다. 가끔 오른쪽 가슴 언저리가 아팠고, 어깨도 심하게 결렸습니다. 게다가 이 무렵에는 일이 끊임없이 이어졌기 때문에 상당히 지쳐 있었습니다.

스케줄이 몇 달 뒤까지 꽉 차 있었습니다. 서예교실 운영과 함께 작품 제작과 원고 집필, 전국 각지에서의 강연회와 방송 출연 등이 겹쳐 있었지요. 아무리 자도 피로가 풀리지 않았고, 아침에 눈을 뜨면 몸이 천근만근 무거웠습니다.

그런데 신기하게도 인간이란 자기 한계를 넘어설 때까지 열심을 낼 수가 있는 모양입니다. 몸 상태가 안 좋다는 사실을 알아도 아직 괜찮다고 스스로 주문을 걸면서 말이지요. 한창 일이 순조롭게 풀리기 시작했던 때라 저는 정신적으로는 충만해 있었습니다.

그러다가 어느 날 갑자기 쓰러지고 말았습니다.

바닥에 쓰러져 몸부림치며 뒹굴 정도의 통증에 서둘러 병원을 찾았는데, 또 이상한 고집이 생겨서 쓸개를 제거하는 수술을 거부했습니다. 서양의학 대신 식이요법과 한약으로 치료하겠다고 우기다가 두 번이나 더 입원하고 처음 병원에서 수술로 결석을 제거했습니다. 병을 발견하고 반년 이상의 시간이 흐른 뒤였습니다.

수술을 하고 나서도 1년 정도는 계속 무리해서 일하다가 서서히 자신의 문제점을 인정하고 백기를 들게 되었지요.

당시에 제가 그렇게까지 무리했던 이유는 내 이름을 더욱 많은 사람들에게 알리고 싶다는 욕심이 마음속 어딘가에 있었기 때문입니다. 그래서 남들에게 호된 비판을 받거나 심한 말을 들으면 감정적으로 반응하고 적잖이 상처를 받았습니다.

당시에는 아내가 매니저 역할을 해주고 있었는데 너무 바쁘다 보니 아내와 대화할 때도 가시 돋친 말투로 쏘아

대기 일쑤였습니다.

그런 자신을 발견했을 때, 저는 굳건한 마음으로 한눈한 번 안 팔고 앞만 보고 달리던 '다케다 소운'이라는 레일에서 내려와 처음부터 다시 시작하기로 결심했습니다. 내 한계 이상으로 열심히 하는 것을 그만두고 일의 양도 3분의 1로 줄였습니다.

약해도 괜찮다고 마음을 고쳐먹었더니 쓸데없는 자존심을 내려놓을 수 있었습니다. 내 몸을 소중하게 여기게 되었을 뿐 아니라 타인의 비판도 자연스럽게 넘길 수 있었습니다.

힘들면 맞서지 않아도 됩니다. 무리할 필요도 없습니다. 하기 싫은 일은 하지 않아도 됩니다. 약한 소리를 해도 괜찮습니다. 바보 취급을 받더라도 감정적으로 반응하지 마시기 바랍니다. 스스로 약하다는 사실을 받아들이면 논쟁이나 경쟁에서 자유로워집니다.

약해도 괜찮다는 사실을 받아들이면 오히려 강해집니다. 무적이 됩니다. 애초에 싸울 생각이 없기 때문에 적도 존재하지 않습니다. 바보 취급을 당해도 '난 별로 대단한 사람도 아닌데 뭘' 하고 솔직하게 인정할 수 있습니다. 저는 이제 '얄팍한 인간'이라는 말을 들으면 "맞아요, 저는 얄팍하기 이를 데 없죠"라고 웃으면서 받아칠 수 있게 되었습니다.

당신이 매우 예민한 사람이라면 아마도 성향상 부정적인 생각을 자주 할 겁니다. 그러다 보면 억지로 밝은 척 웃으며 살아야 하나 생각할 수도 있습니다.

제가 말하는 긍정이란 강해지는 게 아닙니다. 나의 약함을 인정하는 것입니다. 그러면 내가 할 수 있는 일, 잘하는 일에 초점을 맞출 수 있기 때문에 더욱 긍정적으로 변할 수 있습니다.

스스로의 약함을 인정하지 못하거나 책임감 때문에 혹은 민감해서 자신보다 주위 사람들을 신경 쓴다면, 과감하게 약해도 괜찮다고 생각하기를 바랍니다.

나에게 힘이 되는 한마디

회피해도 괜찮습니다. 약해도 괜찮습니다.
무리하지 말자고 생각하면 자연스럽게 주변의 적이 없어집니다.

불평하면 안 된다고
누가 말했나

힘든 일이 생겨도 불평해서는 안 된다고 자신을 다잡는 사람이 있습니다. 다른 사람에게 불평하지 말라고 말하는 사람도 있지요.

살다 보면 자신이 하는 말이 현실을 만들어가는 부분도 있기 때문에 그 의견에도 일리가 있지만, 그럼에도 불구하고 저는 불평을 해도 괜찮다고 생각합니다. 힘들 때는 건강을 위해서라도 마음속에 있는 불만을 뱉어내야 합니다.

왜냐하면 불평은 생리 반응이기 때문입니다. 상한 음식을 먹으면 토하는 것처럼 몸 안에 있는 나쁜 마음은 우선 불평이라는 형태로 뱉어내야 합니다. 불평하는 것에 대해서 삶의 태도까지 논할 필요는 없습니다.

그래서 저는 다른 사람이 불만 섞인 이야기를 하더라도 기분 좋게 들어줍니다. 눈앞에 구토하는 친구가 있으면 누구나 등을 쓸어주거나 물을 마시게 하면서 보살펴주겠지요. 그리고 어떻게 하면 몸이 회복될지 함께 고민할 겁니다.

누가 내 앞에서 불평을 토해내면 기분이 안 좋을 수 있습니다. 하지만 타인의 불평을 용서하지 못하는 사람은 자신의 불평도 용서하지 못하는 사람입니다.

'네거티브를 용서 못 하면서 포지티브를 지향하는 사람'이야말로 사실은 가장 네거티브한 것이지요.

애당초 모든 일을 '좋음과 나쁨' '포지티브와 네거티브' 등 두 가지의 대립으로만 생각하지 않는 편이 좋습니다. 결론은 둘 중 하나로 정하더라도 자신이 고르지 않은 한쪽을 부정할 게 아니라 유연하게 생각하면 어떨까요?

예를 들어 '그것은 앞을 향한 (적극적인) 행동인가, 뒤를 향한 (소극적인) 행동인가' 하는 궁금증이 생겼다면, 앞뒤만이 아니라 상하좌우도 모두 생각해야 하지 않을까요?

이렇게 하면 뒤를 향해 있다고 판단할 만한 행동도 '소극적이기는 하지만 위를 제대로 보고 있다'고 다른 관점으로 받아들일 수 있습니다. 편견을 걷어내고 모든 일을 지금까지와는 다른 관점에서 유연하게 바라보면 마음이 편안해지고 인생이 즐거워집니다.

나에게 힘이 되는 한마디

예민한 사람은 대체로 불평을 좋아하지 않습니다.
타인의 불평에 쉽게 동화되기 때문이지요.
그러나 타인의 불평을 용서 못 하는 것은
자신의 불평도 용서 못 하는 것과 마찬가지입니다.

"상한 음식을 먹으면 토하는 것처럼
불평은 우리 마음의 생리 반응입니다.
힘들 때는 불평해도 괜찮습니다."

기회는 무한하기에
초조해하지 않아도 된다

서핑하는 사람들은 파도를 잘 읽습니다. 프로 서퍼들은 어떤 파도를 기다려야 하고 어느 타이밍에 파도를 타야 하는지, 어떤 바다가 위험한지 숙지하고 있습니다.

여기서 파도는 '기회'라고 할 수 있습니다.

그런데 저는 흔히들 말하는 '인생의 기회는 두 번 다시 오지 않기 때문에 놓쳐서는 안 된다'는 말에 위화감을 느낍니다.

왜 다들 조급하게 파도를 타려고 하는 걸까요? 왜 더 이상 기회가 오지 않는다고 생각할까요?

파도는 매일같이 해변에 밀려듭니다. 좋은 파도와 큰

파도는 차례로 찾아옵니다. 기회는 무한하기 때문에 자신이 없다면 도망가도 됩니다. 눈앞의 파도를 타도 되고, 타지 않아도 됩니다. 괜히 초조해할 필요가 없습니다. 자신의 페이스에 맞춰 도전하면 되기 때문입니다.

'행운의 여신은 뒷머리가 없다(일단 지나가면 잡을 수 없다)'는 말도 있지만, 여신은 또다시 당신 옆을 지나갈 겁니다.

당신이 예민한 사람이라면 이런 성공지향적인 사회 분위기에 피로감을 많이 느낄 겁니다. 때로는 자신도 모르게 휩쓸려 뱁새가 황새를 따라가듯 잰걸음으로 성공의 파도를 타려한 적도 있겠지요.

당신이 더 이상 기회가 오지 않는다고 생각하는 이유는 기회를 보는 눈이 미숙하거나, 파도를 읽는 방법을 모르거나, 큰 파도만 기다리기 때문입니다.

제 서핑 코치는 항상 제게 조언합니다.

"다케다 씨, 파도를 못 탈까 봐 초조해하지 않으셔도 됩니다. 파도는 계속 오니까요."

서핑하기 좋은 파도가 치는 바다는 많고, 밀려오는 파

도의 종류도 다양합니다. 그 시점에서 무엇이 좋은 파도인지는 사람마다 다르기 때문에 자신에게 맞는 파도를 찾으면 됩니다.

의외로 우리의 인생은 매일 기회로 가득하고 그 기회는 자주 찾아옵니다.

나에게 힘이 되는 한마디

인생의 기회는 두 번 다시 오지 않는다는 말에
현혹되지 마세요.
파도는 매일같이 해변에 밀려듭니다.
자신이 없다면 도망가도 됩니다.

민감하다면 문제를
세분화해서 생각하라

고민이 있을 때는 로댕의 〈생각하는 사람〉처럼 굳은 표정으로 괴로워할 게 아니라 행동해야 합니다. 일단 움직이기 시작하면 의식이 그쪽을 향해 움직이고 그동안은 고민할 수 없기 때문입니다.

예를 들어 당신이 상사에게 안 좋은 소리를 들은 탓에 집에 돌아와서도 기분이 좋지 않다고 해봅시다. 그때 엄청 싫어하는 벌레가 당신 얼굴로 날아와서 재빨리 살충 스프레이를 손에 들고 징그러운 벌레를 잡으려고 한다면, 상사에게 들었던 말은 까맣게 잊겠지요.

조금 극단적인 예지만, 안 좋은 일이 있을 때 헬스장에 가서 땀을 흘리거나 요리를 하면서 기분 전환을 하는 사람이 많습니다.

이처럼 어떤 행동을 하는 것은 일단 고민을 끊어내기에는 아주 좋은 방법입니다. 다만 움직임을 멈추면 다시 고민이 시작된다는 단점이 있지요.

그래서 제가 추천하는 방법은 원인이 되는 문제 자체를 해결하는 것입니다. 구체적으로는 우선 문제를 세분화해서 생각해야 합니다.

'문제 세분화 작업'이라는 저의 해결 방법은 일본 최대 통신회사인 NTT에 다니던 시절에 습득한 것입니다.

통신에 문제가 발생했을 때는 그 원인이 전화기에 있는지 아니면 통신 회선에 있는지 분류합니다. 회선에 문제가 있다는 사실이 밝혀지면 생각해볼 수 있는 원인은 크게 두 가지인데, 접속 불량인지 아니면 통신선이 끊긴 건지 이중 어디에 문제가 있는지를 확인합니다. 이것을 반복해서 원인과 대처 방안을 찾습니다.

문제 세분화 작업은 인간관계에서 발생하는 문제 상황이나 살아가면서 고민이 생겼을 때도 활용할 수 있습니다.

제일 먼저 해야 할 일은 문제를 '고민해봤자 소용없는

일'과 '행동하면 해결할 수 있는 일'로 나누는 것입니다.

고민해봤자 소용없는 일을 걱정할 시간이 있다면 좀 더 구체적인 걱정, 즉 리스크 매니지먼트로 전환해서 당장 행동하는 편이 좋습니다.

민감한 저도 세분화 작업에 익숙해졌기 때문에 다른 사람들 눈에는 항상 긍정적인 사람으로 비칩니다.

예를 들어 카톡 메시지를 보냈는데 '읽씹'을 당했을 때 상대방이 무슨 생각을 하고 있는지 고민해봤자 아무 의미가 없습니다. 혼자 상상의 나래를 펼치다 보면 울창한 생각의 정글 속에서 헤매는 꼴이 되고 맙니다.

'화가 난 게 아닐까?' '그때 이렇게 하면 좋았을걸' 하면서 걱정만 하고 옴짝달싹 못 하게 되는 것이 가장 큰 위험입니다.

그럴 때 내가 할 수 있는 일은 제한되어 있습니다.

상대방에게 이유를 물어볼 것인지 아니면 신경 쓰지 않을 것인지를 스스로 정합니다. 이유를 물어보겠다고 마음먹었다면 당장 행동에 옮깁니다. 단, 기한이나 횟수를 정하는 것이 좋으니 카톡을 세 번 보내도 (혹은 일주일 기다려도) 답변이 없으면 그만둡니다.

이렇게 행동해서 해결이 안 되면 '내 힘으로는 해결할 수 없는 일'입니다. 내 힘으로는 해결할 수 없다는 사실을 깨닫고 나면, 기분이 후련해져서 훌훌 털고 앞으로 나아갈 수 있습니다.

어차피 상대방이 카톡을 읽고도 답을 하지 않는 진짜 이유는 알 수가 없습니다. 상대방이 성의껏 변명한다 해도 마찬가지로 그 말이 진심인지 아닌지는 알 길이 없습니다. 인생을 살면서 생기는 다양한 고민도 마찬가지입니다. 고민하는 것도 중요하지만 저는 고민해봤자 소용없는 일에 대해서는 고민하지 않기로 했습니다.

이왕이면 해결할 수 있는 일에 시간과 에너지를 쏟는 편이 좋지 않을까요?

나에게 힘이 되는 한마디

민감한 사람은 소모적인 대화에 쉽게 빠져드는 경향이 있습니다. 그럴 때마다 내가 할 수 있는 일은 제한되어 있다는 사실을 잊지 말고 훌훌 털어버릴 수 있어야 합니다.

2장

예민한 나의 성향을
잘 활용하는 법

스스로 피곤하지 않은 배려를 하라

꼭 좋은 사람이 될 필요는 없다는 말을 들으면 왠지 안심되는 이유는 무엇일까요? 그만큼 우리가 인간관계에 신경을 쓰느라 지쳐 있다는 뜻이 아닐까요?

만약 당신이 주위 사람들의 시선을 신경 쓰고 있다거나, 점심 식사를 함께하자는 제안을 받고 억지로 기쁜 체하며 이런 자신에게 실망한다면, 분명 인간관계에 지쳐 있는 겁니다.

일전에 회사생활에 고민이 있다며 찾아온 한 젊은 청년이 다음과 같은 이야기를 털어놨습니다.

"두 명의 선배와 함께 일을 하고 있는데, 일하는 방법을 서로 다르게 가르쳐줍니다. 어느 한쪽의 말만 들으면 다른 선배의 기분이 상할까 봐 걱정입니다."

이 젊은 남성처럼 지나치게 주변을 의식하는 민감한 사람이나 '아니요'라는 말을 하지 못하는 사람은 조직 안에서 생활하면서 정신적으로 힘든 일이 많습니다. 자신을 속이면서 혹은 화를 참으면서 사람들을 대하기는 쉽지 않은 일이니 말입니다.

저도 예전에는 주위에 민감하게 반응하고 알게 모르게 신경을 쓰다가 지쳐버리곤 했습니다.

서예교실에서 학생들에게 모이라고 하고 시범을 보일 때도 '여기에 먹물을 놓으면 저쪽에 있는 사람한테는 내 손의 움직임이 안 보이겠지' 하며 혼자 먹물 놓는 위치로 고민했습니다. 시범을 보일 때마다 "조금 더 이쪽으로 와서 봐주실래요?" 하면서 학생들의 위치를 일일이 지나치게 신경썼지요.

손의 움직임이 안 보이면 학생이 스스로 위치를 조정해서 시야를 확보할 겁니다. 그렇기 때문에 사실 거기까지 신경을 쓸 필요가 없는데도 불구하고, 한 번 신경을 쓰기 시작하니 계속 신경이 쓰였습니다.

또 몇 명이 즐겁게 이야기를 나누고 있을 때 누군가 한 사람이라도 표정이 어두워지면 '내가 뭔가 쓸데없는 말을 했나? 나도 모르게 상처를 준 건지도 몰라' 하면서 이것저것 고민하다가 혼자 지쳐버리고는 했습니다.

'이럴 거면 차라리 배려 따위 그만둬버릴까?' '마음 내키는 대로 행동하고 독설을 내뱉으면 기분이 좋지 않을까?' 하면서 될 대로 되라고 생각했던 적도 있습니다.

그러다가 시작한 것이 주위를 배려하는 자세를 소중히 여기면서도 '스스로 피곤해지는 배려'는 그만두는 일이었습니다.

상대방의 기분을 헤아리는 마음은 아주 멋진 것이기 때문에 계속 유지하면서 '지치지 않는 배려'를 할 수 있다면 이상적이겠지요.

말하자면 요령 있게 '아니요'라고 말할 수 있는 사람이 되는 것입니다. 그러기 위해서는 상대방의 말을 어떻게 받아들일지와 더불어 나는 어떻게 말할지를 생각해야 합니다.

예를 들어 좀 전에 말했던 젊은이는 두 선배의 체면을 세워주려다가 지치고 말았습니다. 그렇다면 다음과 같이 말해보면 어떨까요?

"고맙습니다. 좋은 아이디어네요. 저한테 맞는 방법인지 아닌지 한번 고민해볼게요."

상사나 선배의 말이 반드시 옳다고 생각할 게 아니라 하나의 아이디어로 받아들이고, 그것을 채택할지 말지는 스스로 생각해서 정하는 겁니다.

저도 중학생 때는 그러지 못해서 야구부 코치의 지도를 맹목적으로 따르다가 팔꿈치 부상을 당했던 경험이 있기에 더욱 그런 생각을 하게 되었습니다.

상사나 선배가 술자리에 부르면 거절할 수가 없다거나, 사실 전혀 기쁘지 않은데 기쁜 체하는 경우도 마찬가지입니다.

"감사합니다. 물어봐 주셔서 기뻐요. 그런데 오늘은 선약이 있어서 함께하지 못할 것 같습니다. 다음 기회에 또 불러주세요."

이런 식으로 솔직하게 고맙다고 말하는 자세는 중요합니다. 먼저 상대방이 던진 공을 확실하게 받은 다음에 "이 공은 저한테는 맞지 않아서요" 하고 말하면 상사나 선배 입장에서도 크게 기분이 나쁘지는 않을 겁니다.

누가 초대해주거나 선물을 주는 일 자체는 기쁜 일이

기 때문에 거기에 대해서는 솔직하게 감사하고 호의로 받아들이면 됩니다.

그런 다음 안 되는 건 안 된다고 말하고, "이런 조건이라면……" 하고 자신이 할 수 있는 일과 할 수 없는 일을 조금씩이라도 전달할 수 있다면 불필요한 스트레스가 줄어들 겁니다.

나에게 힘이 되는 한마디

민감한 사람일수록 자신의 한계를 인정해야 인생이 편해집니다.
"아니요"라는 말도 지혜롭게 사용할 줄 아는 사람이
되어 보면 어떨까요?

어느 정도 거리를 둘지 고민된다면 동반자가 돼라

세 명의 자녀를 낳아 키우고 서예교실을 운영하면서 저는 민감한 사람이 타인을 대하는 방법과 조언하는 방법에 대해 힌트를 얻을 수 있었습니다.

지금은 열 살이 넘은 첫째를 키울 때는 육아가 처음이라 아이에게 휘둘리기 일쑤였습니다.

어린아이가 가끔 짜증을 내면서 우는 건 당연한 일입니다. 그런데 육아 경험이 부족했을 때는 아이가 손을 쓸 수 없을 만큼 울어대면 마음의 여유가 없어져서 어찌할 바를 모르고 허둥대고는 했지요.

과연 내가 아이를 제대로 키울 수 있을지 고민할 정도였습니다.

그런데 자녀가 세 명이 되자 아이에게 전혀 휘둘리지 않게 되었습니다. 아이가 짜증을 내며 우는 건 둘째나 셋째나 마찬가지였습니다.

달라진 것은 아이가 아니라 부모인 저였지요. 육아에 익숙해지자 요령이 생겨서 아이가 아무리 울어도 꿈쩍도 하지 않게 되었습니다.

서예교실도 마찬가지입니다. 운영을 갓 시작했을 때는 학생들의 말에 일일이 민감하게 반응하고는 했지요.

어린 학생이 "선생님, 글씨 잘 못 쓰네요?"라고 농담삼아 던진 말에 우울해한 적도 있습니다.

이 이야기를 다른 곳에서 했더니 하나같이 "학생이 그렇게 말하게 내버려두다니 너그러운 선생님이네요"라면서 전혀 다른 부분에서 감탄하더군요. 저는 자유롭고 평등한 분위기의 서예교실을 만들고 싶기 때문에 어린 학생들이 "선생님, 촌스러워요"라거나 "아재!"라고 놀려도 내버려둡니다.

그런데 스스로 각오를 하고 있었으면서도 학생들에게 안 좋은 말을 들으면 저도 모르게 위축되고 우울해지곤 했습니다.

하지만 점차 경험이 쌓이고 아이들의 생태를 이해하게 되면서 시간이 지나자 무슨 말을 들어도 아무렇지 않게 되었습니다. 15년이 지난 지금은 아이들의 어떤 언행도 자연스럽게 받아넘길 수 있게 되었습니다.

입에서 나온 말이 반드시 진심은 아니라는 사실을 알게 되었지요. 저를 공격적인 태도로 대하던 아이가 집과 학교에서 심한 스트레스를 받고 있다는 사실을 알게 된 적도 있었습니다.

등교 거부 상태에 가까운 아이도 있었고, 가정 불화가 심했던 아이를 비롯해서 부모와 관계가 좋지 않아 커뮤니케이션을 제대로 할 줄 모르는 아이도 있었습니다. 아이들도 저마다 다양한 환경에 놓여 있었던 것이지요.

그런 사정까지 고려하기 시작하면서 아이들을 따뜻하게, 그리고 좋은 의미에서 무디게 보살필 수 있게 되었다고 생각합니다.

앞서 고백했듯이 저는 처음부터 선생으로서 자신감이 없었습니다. 남에게 불편을 주는 걸 극도로 싫어하는 성향상 학생들이 더 열심히 할 수 있도록 강하게 밀어붙이며 지도하지 못했고, 앞장서서 학생들을 이끄는 리더십을 발휘하는 것도 포기하고 있었습니다.

그랬기 때문에 제가 할 수 있는 일을 생각하게 되었지요. 타인의 감정을 잘 살피는 제 장점을 활용해 학생들 위에 서는 것이 아니라 옆이나 아래, 혹은 뒤에서 바람을 보내는 조깅의 동반자 같은 존재가 되기로 했습니다.

저는 다른 사람에게 어디로 향하라고 강요하지 않습니다. '선의'라는 이름으로 쓸데없는 참견도 하지 않습니다. 다만 제가 전할 수 있는 부분은 자연스럽게 전달하고 상대방의 행복을 빌 뿐입니다. 이런 저의 방침은 학생들뿐 아니라 다른 누구를 대할 때도 마찬가지입니다.

그런 의미에서 교실에서 조언을 하는 것과 책을 내는 것은 기본적으로는 같은 맥락인지도 모릅니다.

어떻게 하는 게 좋다고 책에서 말은 하지만, 그건 고민이 있을 때 독자 자신의 상황에 맞춰 적절하게 참고해 보라는 것이니까요.

어차피 상대방의 미래를 컨트롤할 수는 없기 때문에 상대방은 필요할 때 필요한 것을 물어보고 (책을 펼쳐보고), 저는 그 상황에서 제가 할 수 있는 응원의 메시지를 보냅니다. 나머지는 따뜻한 시선으로 지켜봅니다. 그 정도가 사람과 사람 사이의 적절한 거리라고 생각합니다.

나에게 힘이 되는 한마디

민감한 사람은 상대방의 감정에 쉽게 동화되기 때문에
불필요한 에너지를 낭비하는 경우가 많습니다.
자신이 전할 수 있는 부분은 자연스럽게 전달하고
그 다음에는 상대방의 행복을 빌면 됩니다.

" '선의'라는 이름으로 쓸데없는 참견을 하지 않습니다.
응원의 메시지를 보내는 것만으로 충분하니까요."

민감한 나를 지켜 봐주는
또 다른 나

"왜 그런 말을 해버렸을까?"

"왜 그렇게 감정적으로 대했을까?"

냉정하게 돌아보면 후회할 만한 일이 누구에게나 있습니다. 민감한 사람은 마음에 걸리는 일이 생기면 쉽게 넘기지 못하기 때문에 계속해서 끙끙 앓고는 하지요.

그럴 때 제가 쓰는 방법은, 예민해지고 짜증이 머리끝까지 난 자신을 옆에서 지켜보는 또 다른 나를 만드는 겁니다.

불안을 느낄 때나 마음에 여유가 없을 때, 감정적이 되었을 때는 다음과 같이 마음속으로 중얼거립니다.

'얼굴이 굳었어. 마음에 여유가 없어진 건가?'

'짜증이 났군.'

'화를 내버리고 말았네? 어쩔 수 없지만 지금부터라도 침착하자.'

우스워 보일지 몰라도 의외로 효과가 아주 좋습니다.

지난번에 어떤 분과 대담을 했을 때 들은 이야기인데 미스 유니버스 대회에 출전하는 사람들은 자신을 철저하게 객관적으로 보는 연습을 한다고 합니다.

'내 몸의 비율은 이 정도이고, 지금 이런 표정을 짓고 있고, 이런 목소리로 말하고 있다. 나는 이런 캐릭터니까 다른 사람이 이렇게 볼 것이다' 하고 말입니다.

인간은 자신의 모습을 그릴 때 자기가 보고 싶은 대로 후하게 보기 마련인데, 그녀들은 자기 밖의 눈(심사위원의 눈)을 통해서 자신을 객관적으로 살피고 점수가 낮은 부분을 어떻게 발전시킬지 철저하게 연구한다고 합니다.

배우나 모델, 댄서 등 관객에게 연기나 춤을 평가받는 사람들도 이런 훈련을 하는 건 마찬가지일 겁니다.

물론 평범한 우리가 이렇게까지 스스로를 엄격한 눈으로 볼 필요는 없습니다. 오히려 민감한 사람들에게는 자신을 느긋하고 여유 넘치는 따뜻한 눈으로 지켜보는 자세가 필요합니다.

자신을 지켜보는 따뜻한 눈을 생각하면 저는 만화 〈도라에몽〉에 나오는 주인공 진구의 할머니가 떠오릅니다. 작품 안에서는 이미 돌아가신 분으로 설정되어 있지만, 할머니는 진구가 어떤 황당한 짓을 해도 상냥하고 따뜻하게 받아주는 존재입니다.

여러분도 자기 바깥에 '객관적이고 따뜻한 눈으로 나를 지켜보는 또 다른 나'를 두시기 바랍니다.

바깥에서 자신을 본다고 하면 어렵게 느껴질지 모르지만, 의식적으로 연습하다 보면 의외로 어렵지 않습니다.

해먹에 편안하게 누워 있거나 테라스에서 커피를 마실 때처럼 여유 있는 마음으로 자신의 모습을 볼 수 있으면 충분합니다.

나에게 힘이 되는 한마디

**민감한 나를 지켜 봐주는 또 다른 내가 있으면
마음에 여유가 생깁니다.**

좋은 사람은 걱정하기보다 행동하는 사람

　　　　　　　일전에 일 때문에 지방에 갔다가 한 음식점에 들어가게 되었습니다.

　거기서 나온 음식이 제 입맛에는 전혀 맞지 않았는데 "어떠세요?"라고 물어보는 음식점 주인에게 바로 "맛있네요" 하고 거짓말을 해버렸습니다.

　물론 만든 사람 얼굴에 대고 맛이 없다고 말하기는 쉽지 않지만, 거짓말을 하고 나니 왠지 찜찜한 기분이 들었습니다.

　'진심을 숨기고 말았네' '그래도 상처를 주지 않았으니 잘한 건가?' 같은 생각이 머릿속에서 빙글빙글 소용돌이 쳤습니다.

그러다가 문득 착한 사람과 좋은 사람은 어떻게 다른 걸까 하는 궁금증이 생겼습니다.

누군가와 대화하고 난 뒤 내가 그에게 상처를 줬을지도 모른다는 생각에 신경을 쓰게 되는 경우는 누구나 있을 겁니다.

'착한 사람'은 그 일로 계속 고민하고 온갖 상상의 나래를 펼치면서 걱정하는 사람입니다. 오해를 푼다거나 사과하는 등 어떤 행동도 취하지 않은 채 말이지요. 그것은 착하다기보다 단순한 자기애일지도 모릅니다.

계속 생각만 하면서 상대방이 어떻게 나오는지 기다리는 '착한 사람'은 쓸데없이 시간만 흘려보내고 혼자만 끙끙 앓습니다.

한편 '좋은 사람'은 우물쭈물 혼자 고민할 시간에 곧바로 상대방에게 전화하거나 사과하고 싶은 내용을 적어서 다음에 만났을 때 전해주는 등 행동을 취합니다. 상대방에게 자기 마음을 전해서 오해를 풀려고 노력하는 것이지요.

만약 상대방이 상처를 받았다 해도 이른 시일 내에 오해를 풀면 그의 상처도 빨리 아물겠지요.

저는 '배려'라는 말을 상당히 좋아합니다. 아무것도 하지 않고 걱정만 할 게 아니라 마음을 전달하는 것이 중요합니다. 그것을 할 줄 아는 사람이 좋은 사람입니다.

만일 당신 머릿속에 걱정이 가득하다면 자기 자신만 지키려고 하는 것은 아닌지 스스로 의심해보시기 바랍니다.

좋은 사람이 되는 것은 간단합니다. 걱정만 할 게 아니라 배려하면 됩니다. 걱정이 된다면 곧바로 움직여서 '내가 할 수 있는 일'부터 해보시기 바랍니다.

나에게 힘이 되는 한마디

우리는 흔히 인간관계 때문에 고민하지요.
인간관계에서 중요한 것은 시간을 끌지 않고
나다운 배려를 하는 것입니다.

"나다운 배려란 무리가 가지 않는 범위 내에서
상대방을 위해 할 수 있는 것을 고민하는 것입니다."

자기감정을
외면해서는 안 된다

옛날부터 장사를 잘하기로 유명한 오우미 (현재의 사가 현) 상인들이 중요시했던 경제 이념으로 삼포요시(三方よし, 판매자·구매자·사회에 모두 이롭다는 뜻 – 옮긴이)가 있습니다.

이 말은 '판매자만 이득을 취하면 결국 장사가 잘 안 된다. 그렇다고 손님만 만족하는 거래를 해서도 안 된다. 판매자와 손님 모두에게 좋은 거래를 해서 세상에 공헌하는 장사만이 오래갈 수 있다'는 뜻입니다.

이번에는 삼포요시에 입각해서 자신에게 좋고, 타인에게도 좋고, 세상에도 좋은 것이 무엇인지 조금 더 생각해보려고 합니다.

좋은 사람으로 살면서 스스로 만족하지 못하고 괴로워하는 이들이 있지요. 이런 '잘못된 좋은 사람'에는 두 가지 타입이 있습니다.

첫 번째는 좋은 사람을 연기하고 있지만 사실은 자기만 생각하는 사람입니다.

앞서 이야기한 것처럼, 상대방을 걱정하는 체하지만 자신의 안위만을 걱정하는 사람이지요. 무의식적으로 그렇게 되는 경우도 있고, 스스로 의식하면서도 자기만 생각해서 신뢰를 잃게 되는 경우도 있습니다.

어느 쪽이든 이렇게 행동하면 지금 잘나가고 있다고 하더라도 머지않아 좋은 시기가 끝나게 됩니다.

두 번째는 자신을 희생하면서까지 타인을 위해 행동하는 바람에 정신적으로 무너지는 사람입니다.

특히 민감해서 타인의 감정에 잘 반응하는 상냥한 사람이 자기감정을 꾹 누르고 사는 바람에 마음에 상처를 입을 때는 참으로 안타깝습니다. 제가 특별히 그런 분들께 하고 싶은 말은, 자신과 타인과 세상의 균형을 잘 잡으면서도 자신을 소중히 하라는 말입니다. 결코 자신의 감정을 외면해서는 안 됩니다.

'좋은 남편'이나 '좋은 아내' '좋은 엄마' '좋은 자녀'를 연기하다 보면 어딘가에서 무리가 오게 마련입니다. 완벽한 육아를 해야 한다거나 완벽한 어른이 되어야 한다는 생각으로 자신을 몰아붙이다 보면 인생이 괴로워집니다.

나중에는 '가족과 회사를 위해 내가 이렇게까지 했는데 결국 나에게 남은 건 하나도 없고 이게 뭔가' 하는 불만이 폭발하게 됩니다.

남들보다 민감한 사람은 환경이나 사람과의 관계 속에 갈등이 있는 것을 참기 힘들어 합니다. 또 마음이 괴로운데도 계속해서 참으면 민감한 사람이 아닐지라도 반드시 보상받고 싶은 심리가 생깁니다. 보상을 기대하는 일은 자기 인생에 제동을 거는 것이나 마찬가지입니다.

때로는 멈춰 서서 스스로에게 물어보시기 바랍니다.

'혹시 나 자신에게 거짓말을 하고 있는 것은 아닐까?'

이렇게 자문자답하면서 자신이 하는 말과 하는 행동, 생각의 균형을 새롭게 정리해보아야 합니다. 자신의 목소리를 잘 들어줄 줄 아는 사람이 되어야 합니다.

정말로 자신이 생각하는 대로 움직이고 있다면 괜찮습니다. 괴롭지 않을 테니까요. 하지만 자신을 속이고 있다면 문제입니다.

진정한 삼포요시, 즉 '누이 좋고 매부 좋고'가 되도록 노력해보시기 바랍니다.

인생이 반드시 좋은 방향으로 흘러갈 것입니다.

나에게 힘이 되는 한마디

나, 타인, 세상…….
관계된 사람이 늘어날수록 자기감정을 외면하지 말고
'나'의 목소리에 귀를 기울여야 합니다.

나와 타인 사이의 균형 맞추기

삼포요시 이야기를 조금 더 해보겠습니다.

여러분도 자신이 하고 싶은 일과 회사나 상사의 지시가 달라서 고민한 적이 있겠지요.

나·타인·세상의 균형을 잡는 일은 모두가 만족할 만한 최대공약수를 찾는 일이라고 할 수 있습니다. 최대공약수를 찾는 것은 타인이 결부된 일인 데다 높은 사회성이 필요하기 때문에 머리로는 이해하더라도 실제로 실행하기는 상당히 어렵습니다. 어쩌면 처음 시도하는 사람에게는 불가능한 일일지도 모릅니다.

진정한 삼포요시를 익히기 위해서는 평소 연습하는 것

이 중요합니다. 실패를 거듭하더라도 계속해서 노력해야 하지요.

저는 악기를 조율하는 일과 삼포요시의 균형 잡기가 매우 유사하다고 생각합니다. 내가 기분 좋게 느끼는 음과 상대방이 기분 좋게 느끼는 음, 그리고 청중이 기분 좋게 느끼는 음을 조율해 좋은 소리를 찾아가는 것이지요.

물론 해답이 하나만 있는 것은 아닙니다. 그렇기 때문에 '모두가 좋게 생각하는 해답'을 찾으려면 시간이 걸립니다.

강인한 성향의 리더나 성공했다는 소리를 듣는 사람들은 강제성을 동원해서라도 엄청난 속도로 일을 진행시키는 경향이 있습니다. 비즈니스나 정치의 세계에서는 필요한 일이겠지만, 꼭 그런 방법만이 옳은 것 같지는 않습니다.

저는 경험을 통해 이뤄낸 일의 크기보다는 하루하루를 살아가면서 자신과 관련된 사람들의 최대공약수, 즉 행복을 찾는 일이 더 중요하다는 사실을 알게 되었습니다. 억지로 끌고 가지 않아도 충분히 잘될 수 있다는 사실을 말이지요. 삼포요시는 언뜻 보기에는 돌아가는 길처럼 보이지만 사실은 지름길이 될 수도 있습니다.

예술가는 본래 자신이 만들고자 하는 방향대로 작품을 만드는 사람입니다. 그런데 일을 의뢰하는 사람이 없거나 작품이 팔리지 않을 때는 자신이 만들고자 하는 것과 고객이나 대중이 원하는 것 사이에 어긋남이 있을 가능성이 있습니다. 자기 생각을 밀고 나간 작품이 시대를 잘 만나서 빛을 볼 때도 있지만 그런 경우는 매우 드뭅니다.

저도 작품이 잘 팔리지 않을 때는 제가 좋아하는 다양한 스타일로 작품을 만들어봅니다. 그리고 반응을 보면서 조금씩 조율합니다. 하지만 저 자신을 희생하지는 않습니다. 쓰고 싶지 않은 것을 억지로 쓰면서 기분을 상하게 만들거나, 즐겁지 않은 작품은 절대로 쓰지 않습니다.

내 방침을 반드시 지키면서도 그 작품과 관계된 사람의 의향(비즈니스)도 무시하지 않고, 작품을 기다리는 사람의 기뻐하는 표정을 떠올리는 일도 잊지 않습니다.

조금 더 친근한 예로 가족이나 동료를 대하는 일상적인 경우를 생각해보겠습니다.

예를 들어 제가 중국 음식을 싫어한다고 해봅시다. 그

런데 저를 제외한 모두가 중국집에 가자고 한다면 어떻게 해야 할까요?

여기서 제가 어떻게 행동하느냐에 따라서 누군가가 만족하지 못할 수도 있고, 모두가 행복한 삼포요시가 될 수도 있겠지요.

어쩌면 중국 요리 중에서도 제가 먹을 수 있는 메뉴가 있을지 모릅니다. 만두는 먹을 수 있다면, 만두를 잘하는 가게로 가자고 제안해보면 어떨까요? 그러면 모두가 만족할 수 있습니다.

혹은 "솔직히 중국 음식은 별로 좋아하지 않아요. 맛있는 이탈리안 레스토랑을 아는데 대신 거기로 가면 안 될까요?"하고 새로운 제안을 해볼 수도 있습니다. 의외로 모두가 적극적으로 찬성할지 모릅니다. 중국 음식을 좋아하지 않는다는 건 기우였을 뿐, 정말로 맛있는 중국 음식을 먹으면 생각이 달라질지도 모르고요.

위의 경우는 단순한 취향의 문제지만, 누군가가 특정 식품에 알레르기가 있을 수도 있습니다. 그럴 때 알레르기가 있는 사람의 안전과 희망 사항을 우선적으로 고려하면서 맛있는 음식을 먹기 위해 최대공약수를 찾아본 결과, 알레르기에 관한 지식까지 얻을 수 있다면 '누이 좋고 매부 좋고'가 될 것입니다.

저도 아직 미숙하기는 하지만 진정한 삼포요시에 다가갈 수 있도록 매일같이 노력하고 있습니다.

지금까지 전문 서적을 비롯하여 적지 않은 권수의 책을 냈는데 현재의 저는 첫 번째 책을 낼 때에 비해서 훨씬 성장했습니다.

첫 책을 쓸 때는 마음의 여유도 없었고, 책을 내자는 제안은 받았지만 출판에 대해서 아는 것이 전혀 없었습니다. 출판계 사정이나 편집자가 어떤 생각을 하는지 몰랐기 때문에 그저 쓰기에만 급급했고 완성에만 최선을 다했습니다.

하지만 경험을 쌓으면서 저 자신뿐만 아니라 편집자와 출판에 관여하는 모든 스태프, 출판계, 서점 그리고 독자까지 고려할 수 있게 되었습니다. 지금은 나 자신뿐만 아니라 모두에게 도움이 되었으면 하는 마음으로 책을 쓰고 있습니다.

저는 삼포요시를 지향하면서 경험이 쌓이면 시행착오도 그만큼 줄고 행복감이 올라간다는 사실을 깨달았습니다. 그래서 인생이 아름다운 것이겠지요.

여러분도 무슨 일을 하든지 행복의 최대공약수를 찾는 습관을 들이시기 바랍니다.

나에게 힘이 되는 한마디

민감한 사람은 다른 사람을 배려하는 성향이 강하기 때문에
자신이 원치 않는 일을 할 때가 많습니다.
그러나 내가 원하는 것도 포기하지 않으면서
모두를 만족시킬 수 있어야 행복감이 더 올라갑니다.

상대방에게 상처 주는 조언은
안 하는 게 낫다

저는 다른 사람에게 조언 할 일이 생겼을 때 항상 세심한 주의를 기울입니다.

도움이 될 거라는 생각으로 한 조언이라도 전달 방법이 잘못되면 상대방이 불쾌하게 느낄 수도 있고, 뜻하지 않게 상처를 줄 수도 있습니다. 가족처럼 생각하고 한 조언인데 상대방은 '얕잡아 보고 하는 비판'으로 느끼는 경우도 흔합니다.

저는 다른 사람을 바꾸려는 생각은 하지 않습니다. 누군가 저에게 상담을 요청하면 이야기는 하지만, 기본적으로 "이 부분을 좀 고쳤으면 좋겠다"면서 참견하지는 않습니다. 이를테면 부정적인 사람에게 "부정적으로 생각하지 마"라고 말하지 않는 것이지요.

스스로 이런 방침을 세웠더니 마음이 매우 편해졌습니다.

제가 한 말 때문에 어쩌다 상대방이 변하는 경우도 있지만, 의도적으로 타인을 바꾸는 일은 애초에 불가능하니 말입니다.

가까운 예를 들자면 제가 운영하는 서예교실 선생님 중에는 학생을 대하는 게 서툰 사람이 있습니다. 본인의 실력과 매력을 보여주기 위해서라도 조금 더 감정 표현을 하고 학생들의 작품을 보고 솔직하게 감탄해주면 좋을 텐데 말이죠.

하지만 저는 굳이 이런 이야기를 하지 않습니다. 본인이 물어본다면 대답은 하겠지만 "저 같으면 이렇게 할 것 같아요. 하지만 자신의 개성을 살리는 쪽으로 행동하면 되지 않을까요?" 정도로만 이야기합니다.

아무리 부드럽게 말한다 해도 조언이라는 것 자체가 비판과 종이 한 장 차이이기에 당연히 거부반응이 일어날 수 있기 때문입니다.

제가 서예교실에서 학생에게 조언을 했다고 해봅시다.

"책받침 부수를 쓸 때 첫 획은 조금 더 위쪽으로 붙이는 게 좋아요"라고 조언하는 것은 "당신의 방법은 틀렸어요"라고 말하는 것과 마찬가지입니다.

이 경우에 저는 서예교실 선생이고 학생은 배우러 왔기 때문에 제 조언을 받아들이겠지만, 부탁도 하지 않았는데 지적하고 조언하면 기분이 나쁠 겁니다. 아무리 돌려서 말해도 기분이 안 좋습니다.

대부분의 인간은 자신이 틀렸다고 할지라도 타인의 지적을 기꺼이 받아들이지 못합니다. 선생으로서 존경한다면서 먼저 상담을 요청하기에 조언을 해줬는데, 제 조언을 무시하는 경우도 상당히 많습니다.

저의 책을 읽고 팬이 되었다면서 "선생님, 정말 고맙습니다. 선생님 말씀을 들으면 인생에 도움이 되는 것 같아요. 이럴 때는 어떻게 하면 될까요?"라는 질문을 하기에 "여기서 단추가 잘못 끼워진 것 같네요. 이곳부터 바로잡으면 좋지 않을까요?"라고 답했더니 "네? 그건 어렵죠"라면서 곧바로 거부당하는 경우도 허다하니 말입니다.

하지만 그런 것이 인간의 속성이라고 생각합니다. 상당히 까다롭지요.

누군가가 상담을 하고 싶다고 찾아올 때는 이미 자기 안에 정해진 답이 있고, 사실은 조언을 구하고자 하는 게 아닌 경우도 많습니다.

하지만 때로는 관계가 일시적으로 불편해진다고 하더라도 "그건 누가 봐도 잘못되었습니다. 이렇게 하는 편이 좋겠어요"라고 말해야 할 때도 있습니다. 당장은 상대방이 받아들이지 않더라도 언젠가 깨닫는 날이 올 거라고 판단을 내렸다면 조언을 해야 합니다.

저는 회사원 시절에 친한 동기에게 제 버릇에 대해서 따끔한 주의를 받은 적이 있습니다.

"다케다, 사람을 손가락으로 가리키면서 얘기하는 버릇은 진짜 안 좋아. 기분이 상하기도 하고, 왠지 무섭잖아? 총을 겨누는 것 같단 말이야."

민감한 성향의 저는 그의 직접적인 지적에 놀라 큰 충격을 받았기에 그 당시에는 자존심이 상해서 받아들일 수가 없었습니다. 그런데 그 후에도 그 말이 계속 머릿속에 맴돌았습니다. 누군가와 대화를 할 때마다 손가락이 신경 쓰였고, 내 무의식적인 습관 때문에 상처받는 사람이 있다면 좋지 않은 일이라는 당연한 사실을 새삼 깨달게 된 것입니다.

그는 제 친구였기 때문에 용기를 내 그런 말을 해준 것입니다. 지금은 매우 감사하게 생각하고 있습니다.

하지만 이것은 예외적인 경우이고 사실 타인을 바꾸려는 듯한 말은 하지 않는 편이 좋습니다.

만약 꼭 해야겠다면 그 후에 관계가 삐걱거려도 어쩔 수 없다고 생각할 각오를 하고 말해야겠지요.

나에게 힘이 되는 한마디

비판과 조언은 종이 한 장 차이입니다.
의도적으로 상대방을 바꾸려 하면 관계가 삐걱거릴 수도 있습니다.

"비판과 조언은 종이 한 장 차이이기에
다른 사람을 비판할 때는
신중하고 조심해야 합니다."

민감함은 위험과 불안을 감지할 도구가 된다

저는 지나치게 민감한 성격 탓에 극도의 비행공포증을 가지고 있었습니다.

피치 못하게 비행기를 타야 할 때는 마음속에 불안이 가득했습니다. 어느 좌석에 앉아야 사고가 났을 때 생존 확률이 높을지, 어느 항공사가 가장 안전할지, 이 항공사는 회사 경영에 문제가 많다던데 비행기는 제대로 정비하고 있을지, 온갖 불안한 상상을 하느라 뜬눈으로 밤을 지새우고는 했습니다.

비행공포증이 생긴 것은 고등학생 때 가족여행으로 괌에 가다 비행기가 하강기류를 만나는 바람에 기체가 흔들린 경험을 하고 나서부터입니다. 사실 흔들림 자체는 대수롭지 않은 정도였지만, 귀국한 뒤에 학교에서 "비행기 날개가 꺾이는 줄 알았어" 하며 과장해서 허풍을 떨다 보니 정말로 무서운 생각이 들기 시작했습니다. 스스로 공포심을 주입한 것이나 다름없었지요.

비행기를 떠올리는 것만으로도 긴장이 되어 안절부절 못하게 되었고, 누군가 비행기 이야기만 꺼내도 괜스레 성을 냈습니다. 불안한 마음에 비행기를 절대 타지 않겠다고 마음먹은 시기도 있었습니다.

비행공포증을 극복할 수 있었던 것은 나에게 올바른 정보를 모았기 때문입니다. '나에게 올바른 정보'라고 한 이유는 내 전문 분야가 아닌 이상 무엇이 올바른 정보인지 판단하기가 어렵기 때문입니다.

불안한 마음으로 정보를 모으면 인터넷으로 '비행기, 불안, 위험' 등 비행기가 얼마나 위험한지에 관한 정보만 모으게 됩니다. 그러면 점점 더 불안해집니다. 이 악순환에서 헤어날 수 없게 됩니다.

더 깊이 들어가면 어느 항공사에서 불상사가 있었다거나 공항에서 우연히 본 직원이 나태해 보였다거나 사무직 사원이 징계면직을 당했다는 이야기까지 죄다 '안전하기는 한 건가?' 하는 불안과 연결 짓게 됩니다.

그런 제가 도움을 받은 것은 서점에서 우연히 발견한 《비행기가 거북한 당신에게: 비행공포증을 극복하는 책》이었습니다.

그 책에는 비행기의 구조와 이 세상에서 가장 안전한 장소가 비행기 안이라는 확률적인 증거, 흔들리는 것과 추락하는 것은 관련이 없다는 사실과 함께 비행 전날과 비행 당일을 어떻게 보내면 좋은지 등 그야말로 제가 원했던 정보가 모두 나와 있었습니다.

그런 정보를 제 안에 담자 비행기의 안전성과 편리성에 대해서 차차 냉정하게 생각할 수 있게 되었습니다. 비행기를 타기 싫어서 아무리 먼 곳이라도 몇 시간씩 차를 운전해서 가고는 했는데 차로 가는 것이 사고가 날 확률이 몇백 배나 높다는 사실도 이해할 수 있게 되었습니다.

검색 키워드도 '비행기, 불안, 위험'에서 '비행기, 안전, 쾌적'으로 바뀌었습니다.

그런데도 비행공포증을 완전히 극복하기까지는 5년 정도의 시간이 더 필요했습니다. 비행기를 타는 횟수가 조금씩 늘어나면서 비행 전날에도 잠을 이룰 수 있게 되었고, 비행기를 타고 싶다는 생각까지 하게 되었습니다.

역시 공포심은 갑자기 사라지는 게 아니고, 노력한다고 공포에 둔감해질 수도 없습니다. 하지만 천천히 조바심치지 않고 시간을 들이면 극복할 수 있습니다.

민감한 사람은 위험과 공포에 예민하게 반응하기 때문에 위기관리를 할 줄 압니다. 스스로를 납득시키기 위해서 철저하게 정보를 모읍니다. 그 결과 지식도 늘고 약점을 극복해서 인생의 즐거움도 커집니다.

민감함은 어려운 일을 예측하고 대비하는 긍정적인 면을 가진 또 하나의 놀라운 재능입니다.

나에게 힘이 되는 한마디

민감한 사람은 남들보다 위험에 예민하게 반응하기 때문에
미리 다양한 경우의 수를 생각할 수 있습니다.
민감한 성격도 결코 나쁘지 않습니다.

3장

깊이 있는 관계를 만드는 민감함의 힘

타인의 비판이
꼭 나쁜 것만은 아니다

　　　　　　"저도 비판을 받으면 상당히 신경 쓰이고 아픕니다."

　책이나 강연에서 '긍정'이라는 말을 자주 해서인지 제가 이렇게 얘기하면 의외라고 생각하는 사람이 많습니다.

　당연히 저도 세상의 평가에 상당히 신경을 씁니다.

　연예계란 사람들의 인정과 인기를 얻고자 모인 사람들이 활동하는 세계입니다. 이런 세계에 사는 사람 가운데 남들의 평가를 신경 쓰지 않는 사람은 거의 없을 테지요. 평소 인터넷에서 자기 이름을 검색하는 유명인도 적지 않을 겁니다.

　저는 민감한 기질을 타고난 데다 타인의 평가에 매우

예민하고, 모두에게 이로운 삼포요시의 삶을 지향하기 때문에 비판에 무관심할 수가 없습니다.

항상 타인의 반응을 확인하고 저 자신과 다른 사람과의 관계와 세상을 조율하고 있습니다. 그렇기 때문에 정확히 말하면 비판에 상당히 신경을 씁니다. 하지만 부정적으로는 받아들이지 않는다고 할 수 있습니다.

저는 이과 출신에 전기 회사에서 일했던 경험을 바탕으로 비판을 받았을 때는 화학실험을 하듯 생각합니다.

먼저 사실을 확인합니다. "사람들이 나를 이런 식으로 생각하는구나" 혹은 "이 부분은 사람들이 오해하고 있네" "기사가 잘못된 거군" 하는 식으로 제가 어떤 말을 듣고 있는지를 확인합니다.

다음으로, 실험할 때 다양한 약품이나 물질을 섞거나 태우듯이 비판에 대해서도 다양한 대응 방법을 고민해봅니다. 그러고는 "이런 방법으로는 달라지지 않는구나. 그럼 다른 방법을 시험해보자"고 냉정하게 고찰합니다.

참고로 저의 분석은 세밀합니다. 예를 들어 매일 블로그에 적는 말 하나도 저의 감각으로는 밀리 단위로 표현의 강약을 조절하고 있습니다. 화학실험으로 치면 밀리

그램 (1,000분의 1그램) 수준입니다.

실험을 할 때는 아주 미세한 농도 차이로도 결과가 크게 달라집니다. 말 역시 아주 미묘한 표현의 차이로 상처를 줄 수 있기 때문에 단어 하나에도 신중을 기합니다.

비판받지 않으려고 이렇게 애쓰는데 공격적인 비판을 받으면 저도 그 순간에는 기분이 나쁩니다.

누군가가 갑자기 때리거나 몸을 꼬집으면 아프다고 느끼는 것처럼 공격을 받은 순간에는 저도 모르게 반응을 하고 맙니다. 이것은 생리반응입니다.

비난의 말은 흉기가 되기도 합니다. 인터넷에 올라온 욕설이 비수처럼 마음에 꽂혀 상처를 입을 때가 있습니다. 그럴 때마다 저는 재빨리 서예교실 학생들이나 지인들에게 보여주고 의견을 모읍니다.

"이 사람은 어떤 사람 같아요?"

"이런 말을 들었는데 어떻게 생각해요?"

위로를 받으려는 목적도 있지만, 저는 제가 상처받은 원인에 더 흥미가 있습니다. 어디까지나 호기심이자 탐구심입니다.

예를 들어 깡마른 사람은 뚱뚱하다는 소리를 들어도

화를 내지 않습니다. 만약 바보 같다는 말을 듣고 화가 났다면 자신도 그렇게 생각하는 부분이 있기 때문일 겁니다.

반대로 남들보다 뛰어나고 지나칠 정도로 성실해서 좋은 의미로 조금쯤 바보 같아지고 싶은 사람이라면 "저 녀석은 진짜 바보 같아"라는 말을 듣고 "고맙습니다" 하면서 기뻐할지도 모릅니다.

타인의 비판에 반드시 나쁜 면만 있는 것은 아닙니다. 내가 지금 어떤 부분을 신경 쓰고 있고, 그 과제를 어떻게 극복하고 소화하면 될지 생각하는 계기가 될 수 있기 때문입니다.

나에게 힘이 되는 한마디

민감한 사람은 기본적으로 다른 사람의 기분을 맞추기 위해
최선을 다해야 한다는 생각을 갖고 있습니다.
그러나 먼저 내 기분도 조율할 줄 알아야
다른 사람의 기분도 맞출 수 있지 않을까요?

민감한 자신을 인정하며 살아간다는 것

"저 사람은 일을 못해."

"저 녀석은 써먹을 데가 없어."

회사에 다니다 보면 자연스레 동료와 비교평가를 당하게 됩니다. 당신이 타인의 평가에 민감한 사람이라면 매일 이런 환경에서 일하는 것이 괴로울지도 모릅니다.

가장 쉬운 해결책은 주위의 평가를 신경 쓰지 않는 것이지만, 사람의 마음은 그렇게 간단하지 않기 때문에 고민이 생기는 것이겠지요.

그렇다면 제가 타인의 평가를 신경 쓰지 않아도 되는 이유를 알려드리겠습니다.

애초에 타인의 평가는 좋은 방향으로든 나쁜 방향으로

든 정확하지 않습니다. 안 좋은 평가를 받고 혼자 고민하는 사람이 오히려 바보처럼 느껴질 정도입니다.

저는 서예는 물론이고 그림책이나 하이쿠(俳句, 일본 고유의 짧은 시 - 옮긴이), 꽃꽂이 등 다양한 분야의 대회에 심사위원으로 참가해왔습니다.

그렇게 제가 타인을 평가하면서 깨달은 사실은 대회 심사의 결정적인 기준이 되는 것은 그 자리의 분위기나 그때그때의 기분, 다른 작품과의 비교평가라는 사실입니다. 솔직히 말하자면 심사위원들의 개인 취향으로 결정되는 경우가 대부분입니다. 작품을 평가하는 데 절대적인 기준은 없습니다.

기준이 없는 것은 인간도 마찬가지입니다.

그래서 평가를 받는 사람 입장에서는 괴롭고 납득할 수 없는 기분이 드는 것도 이해가 됩니다. 하지만 그렇기 때문에 다른 사람의 평가에 대해서 고민해봤자 소용이 없다고도 볼 수 있습니다.

타인의 평가를 납득할 수 없을 때는 거기에서 한 발짝 떨어져 보는 방법도 있습니다.

평가는 장소에 따라서도 변합니다.

무능한 사원으로 평가받으며 평생 출세하지 못할 것 같던 사람이 부서를 옮기거나 직속 상사가 바뀌자마자 좋은 평가를 받고 인생 전체가 상승세를 타는 경우도 종종 있습니다.

이처럼 사람이 내리는 평가란 상대적이고 다양하면서 애매합니다.

그렇다고 저 자신이 그랬던 것처럼 회사를 그만두라고 말하는 것은 아닙니다. 회사를 그만두는 것은 불안하고 두려운 일이지요.

결국 어느 쪽이든 선택을 해야 합니다. 만약 그 자리에서 벗어날 방법이 없다면 남들의 평가 따위는 무시하고 담담하게 일하겠다는 각오를 다져야 합니다.

그런 의미에서 저는 개그맨 데가와 테츠로 씨가 좋은 본보기라고 생각합니다. 저는 데가와 씨와 몇 차례나 방송에 함께 출연한 적이 있습니다. 그는 다른 출연자들의 구박을 받으면서 웃음을 선사하는 이른바 리액션 개그를 잘하기로 유명한 사람입니다.

하지만 데가와 씨도 늘 톱클래스라는 평가를 받아온 것은 아닙니다. 물론 같이 방송하는 출연자들은 그가 얼마나 대단한지 알고 있지만, 일반인들의 평가는 그의 실력에 합당하다는 생각이 들지 않습니다.

데가와 씨는 말합니다. 자신은 어린 시절부터 전혀 변한 게 없고, 옛날부터 그저 '데가와 테츠로'로 있었을 뿐이라고 말이지요. 그런데 최근 좋은 평가를 받기 시작한 것은 그가 자기 일을 묵묵히 계속 해왔기 때문에 이루게 된 성과였습니다.

앞서 타인의 평가는 그때그때의 기분이나 개인의 취향으로 결정된다고 했는데, 기분이나 취향이기 때문에 남에 대한 평가는 날씨처럼 변덕스럽습니다. 그래서 상대방이 싫다가 갑자기 좋아지기도 합니다.

실제로 누군가와 성격이 안 맞는다고 생각했는데 어떤 일을 계기로 아주 가까워지는 경우도 있습니다.

남을 평가하는 입장에 자주 서기는 하지만, 서예가의 세계에서 저 또한 항상 좋은 평가를 받는 건 아닙니다. 아직 젊고 경험도 부족한데 새로운 도전을 했다는 이유로 방송을 탄 유명세를 얻은 것뿐이라고 말하는 사람도 있습니다.

하지만 덕분에 저에게는 팬이 있고, 서예에 관심이 없

는 사람도 "다케다 소운이라는 이름은 안다"고 말하기도
합니다. 저는 그걸로 만족합니다.

여러분도 현재 있는 자리에서 벗어나든 그대로 있든
자기다운 모습으로 열심히 살기 바랍니다.

민감한 성격 때문에 타인의 평가에 휘둘리면서 고민만
한다면 인생이 너무 아깝습니다.

나에게 힘이 되는 한마디

사람의 평가는 상대적이고 애매합니다.
자기다운 모습으로 열심히 사는 것이 가장 중요합니다.

"날씨처럼 변덕스러운 타인의 평가에 얽매이지 말고
한 발짝 떨어져 보는 것도 방법입니다."

억지 칭찬보다는
순간의 감동을 표현하라

저는 학생들을 잘 칭찬하지 않습니다.

이렇게 말하면 사람들이 의외라면서 이렇게 묻고는 합니다.

"학생들을 칭찬하지 않으면 교실에서 어떤 식으로 지도하세요?"

물론 전혀 칭찬하지 않는 것은 아닙니다. 저는 학생들의 뛰어난 작품을 보거나 열심히 하는 모습을 보면 그 즉시 감동해서 말합니다.

"우와, 굉장하네요. 어떻게 이렇게 쓸 생각을 했어요?"

"선이 정말 멋지게 표현됐네요!"

제 기분을 솔직히 말하기 때문에 저의 느끼는 바가 학

생들에게 고스란히 전달될 거라고 생각합니다.

다른 누군가와 비교하거나 그의 과거 실적이나 행실과 비교해서 칭찬하는 것이 아니라 제가 감탄하고 감동한 부분을 그대로 전달하기 때문입니다.

제가 이렇게 행동하는 것은 아무래도 부모님의 영향인 것 같습니다.

돌아보면 저는 어린 시절 부모님께 비교평가를 받은 적이 없습니다. 학교에서 좋은 성적을 받아왔을 때도 부모님은 지난번보다 점수가 올랐다거나 누구누구보다 점수가 높다는 식으로 칭찬하지 않았습니다.

부모님은 제가 갑자기 떠오른 생각을 이야기했을 때도 "용케도 그런 생각을 했네?"라거나 "시야가 남다르네" 하고 그 순간의 감동을 전해주시고는 했습니다. 그래서 어렸을 때 부모님 덕을 크게 봤던 것 같습니다.

민감한 제가 지금 이렇게 '민감한 성격을 극복하기 위한 책'을 쓰고 있는 것도 어쩌면 부모님 덕분일지 모릅니다. 저는 민감한 사람은 감동을 잘 받는다고 생각하니까요.

본래 칭찬은 전달하기가 어렵습니다. 본인은 칭찬할

생각이었어도 상대방은 그렇게 받아들이지 않는 경우도 많기 때문입니다. 무언가와 비교하거나 예를 들어서 평가할 때는 더욱 그렇습니다. 비교함으로써 다른 누군가에게 상처를 줄 수도 있고, 아무렇지 않게 든 예가 부적절할 때도 있습니다.

제 지인 가운데 이런 경험을 한 사람이 있습니다. 여성 동료의 외모를 칭찬하려고 유명 연예인이랑 닮았다고 했는데, 그녀는 노골적으로 불쾌한 표정을 지었고 그 후로 사이가 어색해졌다고 합니다.

그녀는 그 연예인을 미인이라고 생각하지 않았던 모양입니다. 혹은 외모에 대한 언급 자체를 무례한 것으로 여겼을 수도 있고요.

누구랑 닮았다는 말은 대개 결과가 좋지 않습니다. 아무리 미인과 비교하더라도 기분 나빠하는 경우가 많습니다.

제 지인은 스스로 실패의 원인을 이렇게 분석하며 반성했습니다.

"미인의 기준은 사람마다 다르고, 어떤 사람이랑 닮았다고 말할 때는 그 사람보다 '위'로 평가하지 않는 것이기 때문에 분위기가 애매해지는 것 같다."

물론 무언가와 비교해서 사람을 칭찬하는 일이 꼭 나쁘다고는 생각하지 않습니다(특히 본인의 과거와 비교하는 경우는 별로 기분 나쁠 것이 없다고 생각합니다).

하지만 칭찬을 받는 사람이 항상 기쁘게 생각할지는 알 수 없습니다. 그 사람을 옛날부터 알고 지냈거나 지금까지의 인생을 모두 알지 못하는 한, 대부분의 경우 살짝 포인트를 벗어난 칭찬이 되니까요.

게다가 칭찬해야 한다는 생각에 사로잡혀 있으면 귀찮을 때도 많습니다. 적절한 칭찬의 말을 생각해야 하는 수고로움도 있지만, 실제 이상으로 상대방을 평가함으로써 괜히 기분 나쁠 일이 생기고 인간관계가 불안정해질 수 있기 때문입니다.

인간관계에 민감한 사람, 배려할 줄 아는 사람일수록 눈앞에 있는 사람을 칭찬하는 일에도 신중해지는 것 같습니다.

그래서 저는 평가를 하는 대신 그 순간 느낀 감동을 솔직히 전하려고 노력합니다. 그것이 서로에게 좋지 않을까요?

주의할 점은, 감동이 따끈따끈할 때 전해야 합니다. 시간이 지날수록 솔직한 감동이 아니라 머리로 생각한 평가가 되어버리고 상대방도 그렇게 받아들일 수 있기 때문입니다.

타인을 어떻게 칭찬해야 할지 신경 쓰인다면 머리로 생각하지 말고 '감동 안경'을 쓰고 상대방을 보는 연습을 하시기 바랍니다. 그리고 감동을 솔직하게 표현해봅시다. 틀림없이 대화가 편안해질 겁니다.

나에게 힘이 되는 한마디

남들보다 민감한 사람은 뛰어난 공감 능력을 갖고 있기 때문에
다른 사람의 숨겨진 재능이나 감정을 잘 파악해서 말할 수 있습니다.
평가가 아닌 그 순간의 감동을 전달해보면 어떨까요?

힘든 일은 '재미 안경'으로 극복한다

회사원 시절 제 취미는 동료들의 불평불만을 모으는 것이었습니다.

학창 시절과 다르게 회사원이 되자 직장에는 불평불만이 넘쳐났습니다. 저에게는 그것이 아주 신선하게 느껴졌고, 좋고 나쁨을 떠나서 매우 흥미로웠습니다.

그래서 틈만 나면 불평의 보석상자라고 할 만한 흡연실로 향했습니다. 저는 일부러 제가 속한 부서뿐만 아니라 다른 여러 부서의 흡연실에 얼굴을 내밀고 사람들의 이야기를 들었습니다.

불만은 종류도 참 다양합니다. '나는 이렇게 애쓰고 있는데 알아주지 않는다'는 식의 회사나 상사에 대한 불만,

'왜 그 정도 일도 처리하지 못하는 거야?' 하는 부하직원에 대한 불만, '아내나 자녀들과 사이가 안 좋다'는 가족에 대한 불만, 혹은 정의감에 넘쳐서 '세상이 뭔가 잘못되었다'고 지적하며 불만을 털어놓는 사람도 있었습니다. 불평하는 내용이 저마다 달랐지요.

한 가지 공통점이라면 다들 불평불만을 끊임없이 늘어놓는다는 점이었습니다. 모두가 마음속에 상당히 큰 응어리가 있었나 봅니다. 흡연실에 모인 사람들은 투덜거리면서 자신의 불만을 끊임없이 쏟아내고는 했습니다.

보통 상사나 선배에 대한 불평불만은 그렇다 치더라도 당장 큰 관련이 없는 사회에 대한 불평불만은 듣기 싫게 마련입니다. 하지만 저는 그들의 불평을 계속해서 들음으로써 인간을 이해하는 힘을 기를 수 있었고, 저 스스로에 대해서도 깊이 성찰할 수 있었습니다.

그도 그럴 것이 불평은 유약한 사람이나 부정적인 사람의 입에서만 나오는 것이 아니라 잘하고 싶은데 뜻대로 되지 않는다는 긍정적인 마음에서 나오는 것이기 때문입니다. 어느 정도 포기하면 오히려 불만이 없어집니다. 저는 불평불만을 들음으로써 사람들의 향상심이나 지기 싫어하는 마음, 정의감, 의지 등을 엿볼 수 있었습니다.

그런데 대부분은 타인의 불평불만을 계속 듣는 건 상상하기도 싫다고 말합니다. 저 또한 그렇습니다. 그래서 저는 남들의 불평을 들어야 할 때마다 '재미 안경'을 씁니다.

이것은 상당히 편리한 도구입니다.

좋고 나쁨이 없는 '재미'라는 필터를 통해 볼 수 있는 안경을 쓰면 무슨 일이든 재미있게 보입니다. 싫어하는 사람이나 불친절한 서비스도 하나의 개성으로 받아들일 수 있게 됩니다.

우리는 때로 상사에게 정도를 넘어선 쓴소리를 들을 때도 있고, 지하철이 연착하는 바람에 중요한 일에 늦을 때도 있습니다. 쇼핑을 하다 불쾌한 대우를 받을 때도 있지요.

이런 일이 있었다고 계속 화를 내며 불평불만을 쏟아내기보다는 "이렇게 기분 나쁜 일이 있었다"면서 자신이 당한 일을 친한 친구와 나누면 왠지 모르게 즐거워질 겁니다. 안 좋은 일이 있으면 오히려 재미있는 이야깃거리가 생겼다고 기뻐하게 됩니다.

애매하게 안 좋은 일을 당하면 "이렇게 어중간한 이야기는 못 하겠는걸?" 하고 아쉬워하게 될지도 모릅니다.

저는 개그맨 친구들이 많은데 그들은 하나같이 세상을 보는 '재미 안경'을 가지고 있습니다. 살면서 일어나는 모든 일을 수시로 재미있게 보는 것이 습관이 되어 있지요. 그들은 부정과 긍정의 차원을 뛰어넘어 뭐든지 토크나 개그의 소재로 삼습니다. 이런 일이 가능한 것도 '재미 안경' 덕분일 겁니다.

물론 모든 일을 유머로 극복할 수 있는 건 아니지만 '재미 안경'은 인생을 즐겁게 살기 위한 필수 아이템인 것 같습니다.

나에게 힘이 되는 한마디

민감한 사람일수록 '재미 안경'을 쓰면 힘든 일이나 싫은 사람이 있어도 유머로 극복할 수 있습니다.

"기분 나쁜 일도 '재미 안경'을 쓰고 보면
웃으며 넘길 수 있는 일이 됩니다."

상대방의 평가에서
자유로워지기

아부할 생각은 아니지만, 좋은 평가를 받고 싶다거나 미움받고 싶지 않다는 생각이 강해서 남들에게 휘둘리는 사람이 있습니다.

이런 성향을 가진 사람은 동료나 친구, 사업 파트너와의 관계는 물론 연애나 결혼, 채용 면접 등에서도 남에게 쉽게 휘둘릴 수 있습니다.

상대방에게 너무 맞춰주느라 자신의 감정을 억누르거나 장점을 발휘하지 못하기도 하고, 지나치게 겸손하게 행동하다 보니 자연스럽게 상하관계가 생기기도 합니다. 누구나 많든 적든 그런 경험이 있을 겁니다.

그럴 때 타인의 감정에 지나치게 민감한 사람은 이 말

을 떠올리기 바랍니다. 상대방과의 상하관계를 만드는 것은 결국 자기 자신입니다.

저는 여러 대회의 심사위원을 하고 있는데, 작품을 심사하다 보면 이런 일을 자주 겪습니다.

응모작 가운데 매우 저자세로 나오는 느낌을 주는 작품이 있습니다. 대회의 경향을 분석해서 대책을 세웠다기보다는 "제발 저를 합격시켜주세요" "어떻게든 합격하고 싶어요" "잘 부탁드립니다" 하고 비는 듯한 분위기를 풍기는 작품이 종종 눈에 띄는 것이지요.

이런 작품은 오히려 좋은 평가를 받지 못합니다.

심사위원은 작품만 봐도 이런 느낌을 즉시 감지하기 때문에 그런 작품에는 아직 멀었다고 혹독한 평가를 합니다. 어떻게든 작품에서 좋은 부분을 찾으려 노력하는 저조차도 이런 작품을 만나면 낮게 평가합니다.

그와는 반대로 대상을 받는 작품은 작가가 자신의 생각을 자신감 있게 표현해서 보고 있으면 저절로 감동을 하게 됩니다. 심사위원을 위에서 내려다보거나 아래에서 올려다보는 것이 아니라, 동등한 시선으로 당당하게 자기다움을 표현한 작품이 좋은 평가를 받습니다.

애초에 작품이나 작가에게는 위도 아래도 없습니다. 상대방을 존경하는 것도 중요하지만, 스스로 자기를 낮게 평가하기 때문에 상하관계가 생기는 겁니다.

작가로서 작품을 만들 때 저는 작품을 감상하는 관객과 동등한 높이에서 작업하려고 애씁니다. 물론 칭찬을 받으면 기쁘지만 평가를 의식하지는 않습니다. 좋은 평가를 받기 위해 서예를 하는 것이 아니기 때문입니다.

게다가 어떤 특정 인물에게 인정받기 위해 노력한다는 건, 과장해서 말하면 그 사람에게 항복한다는 뜻이나 마찬가지라고 생각합니다. 이런 사람은 상대방에게 조종당할 수도 있는 상황에 놓인 겁니다.

상대방의 평가는 날씨처럼 변덕스럽게 변하는데, 스스로 그것에 휘둘려 살기를 택하고 그래도 칭찬받고 싶다고 한다면 그렇게 살아도 상관없습니다. 하지만 저는 상대방의 권위나 상하관계에 얽매이고 싶지 않습니다.

인간은 타인의 평가에서 벗어날 수 없지만, 좋은 평가를 받기 위해 자기를 맞춰가는 인생은 괴롭게 마련입니다. 인정받기 위해 사는 삶이 무슨 의미가 있을까요?

자신(自信)이란 자기를 믿는다는 뜻입니다.

자신감을 가지기 바랍니다.

근거 없는 자신감이라는 소리를 듣더라도 자신을 가져야 합니다.

그런 당신을 좋게 평가해줄 사람이 분명히 있을 겁니다.

나에게 힘이 되는 한마디

민감한 사람은 타인을 배려하는 마음이 강하기 때문에
자신을 희생하는 경우가 많습니다.
상대방을 존경하는 고귀한 마음일지라도
지나치면 어느새 상하관계가 생깁니다.

열등감에 시달리고 있다면
비교의 잣대를 바꿔라

사람은 어떤 기준을 정한 뒤 아주 작은 차이를 가지고도 저 사람은 대단하다느니 영 못쓰겠다느니 하면서 말하기를 좋아합니다.

학교 성적도 그렇고 용모, 직장, 직급, 연봉도 마찬가지입니다. 평균이 어떻게 된다느니 인생의 승자라느니 패자라느니 하는 말을 쉽게 합니다. 어쩌면 인간은 자신과 타인을 비교하지 않고는 행복을 확인할 수 없는 숙명을 타고났는지도 모릅니다.

얼마 전 인터넷에서 타워 맨션 고층에 살면 콧대가 하늘을 찌르지만, 저층에 살면 엘리베이터에서 고층 주민과 마주쳤을 때 주눅이 든다는 내용의 기사를 읽고 이상하다는 생각을 했습니다.

고급 맨션에 살고 있다는 사실만으로도 남들 눈에는 충분히 부유한 사람인데 말입니다.

그런데 이렇게 스스로 열등감을 만들어내서 고민하는 사람이 의외로 세상에 널리고 널렸습니다.

저는 사람이나 물건의 가치를 위 혹은 아래로 평가하는 것 자체가 싫습니다. 애초에 절대적으로 대단한 사람은 없습니다.

지금까지 경제계와 정치계, 연예계 등 세상 사람들이 대단하다고 하는 다양한 분야의 인사를 많이 만나보았지만, 절대적으로 대단한 사람은 한 명도 없었습니다. 누구든지 잘하는 일과 못하는 일이 있고, 대단해 보이는 사람도 다른 사람 눈에는 지극히 하찮은 일로 고민하기도 합니다. 그들의 업적이나 인품은 매우 존경하지만 그들 또한 아주 평범한 사람입니다.

만일 누군가와 비교해서 열등감에 시달리고 있다면, 비교의 잣대를 바꿔보시기 바랍니다. 그러면 마음이 편해질 겁니다.

세계에서 가장 빠른 사나이로 불리는 우사인 볼트도

치타보다는 훨씬 느리고, 동물의 세계에서 보면 굼벵이에 지나지 않을지도 모릅니다.

또 재수하거나 다시 대학을 가는 것은 인생을 길게 생각하면 결코 길을 돌아가는 게 아닙니다.

세상에는 다양한 척도가 있다는 사실을 잊지 마시기 바랍니다. 좁은 비교 대상을 가지고 작은 것 하나까지 비교하면 마음이 괴로워집니다.

세상이 그런 식으로 비교한다 해도 적어도 당신만은 다른 기준을 가져야 합니다.

나에게 힘이 되는 한마디

타인의 시선을 의식하며 살아온 사람은
남과 비교하는 마음을 버리기가 매우 어렵습니다.
기준을 낮추면 삶이 편해집니다.

'민감 안경'을 활용해
타인의 장점 발견하기

당연한 이야기지만 한 분야의 전문가(프로)와 비전문가(아마추어)에게는 보이는 세계가 다릅니다. 아마추어가 사물을 맨눈으로 본다면, 프로는 돋보기나 현미경으로 관찰합니다. 그렇게 보려고 노력한다기보다 프로의 눈에는 저절로 보이게 마련입니다.

그런 의미에서 프로는 매우 민감한 안경을 쓰고 있는 것과 다름없습니다.

서예 이야기를 하자면 저는 학생들의 작품만 봐도 붓의 움직임 하나하나부터 먹물의 농담이나 번진 정도까지 모두 보입니다.

작품뿐만이 아닙니다. 학생들을 항상 접하다 보니 그

들을 보면 오늘따라 등에 힘이 들어갔다거나 집중력이 떨어졌다는 사실도 알 수 있습니다.

다른 분야의 전문가도 마찬가지일 겁니다.

전문 작가나 편집자는 보통 사람보다 세밀하고 깊은 수준으로 문장을 읽을 테고, 건축가나 설계사가 건물을 볼 때도 마찬가지겠지요. 틀림없이 프로의 눈에만 보이는 세계가 있을 겁니다.

지나치게 잘 보여서 마음 편히 작품을 즐길 수 없다고 말하는 전문가도 있습니다. 기타노 다케시 감독과 함께 방송에 출연했을 때 보통 관객들처럼 영화를 볼 수 없게 되었다는 이야기를 들었는데, 저 또한 그런 부분이 있습니다. 꿰뚫어 보는 눈으로 타인의 작품을 보게 되는 것은 어쩔 수 없는 저의 직업병입니다.

하지만 잘 보여서 재미가 없다고 생각하지는 않습니다. 타인의 결점뿐 아니라 훌륭한 부분, 좋은 부분도 보통 사람보다 더 잘 보이기 때문입니다. 이는 마음을 풍요롭게 해주는 행복한 일입니다.

제 인생에서 잘 볼 수 있는 능력은 성능 좋은 '민감 안경'을 착용한 것과 같습니다.

그렇다고 해서 저는 타인의 작품을 비판하려는 생각도 없고 학생들에게 설교하지도 않습니다.

비판이나 분노, 자책감 따위를 가지지 않기 때문에 다른 사람의 훌륭한 작품을 보고 제 자신의 실력을 비판하거나 자기혐오에 빠지는 일도 없습니다. 순수하게 감동하고 순수한 마음으로 놀랍니다.

어떤 분야의 전문가는 아니더라도 나름의 '민감 안경'을 가진 사람이 의외로 많을지 모릅니다. 미술이나 의상, 요리 등 좋아하는 분야에서는 타인의 작품이 아주 잘 보이는 경우도 있을 겁니다.

그뿐만 아니라 남들보다 민감한 사람은 상대방의 행동거지를 보고 그 사람의 성격이나 자라온 환경 등을 보통 사람보다 더 잘 파악합니다.

중요한 것은 성능이 좋은 '민감 안경'을 가지고 있다는 사실에 감사하고, 민감과 행복을 연결해서 생각하는 일입니다. 그리고 보이는 사실에 경의를 표하고 혹시 안 좋은 부분이 보이더라도 자신의 가치관으로 평가하지 말아야 합니다.

오랜 세월 지도를 하는 입장에 있다 보면 학생들 작품

의 결점이나 의욕 없음, 대충 하는 느낌 등 정말 세세한 부분까지 들여다보입니다.

하지만 저는 거기에 대해서 안달복달하지 않습니다. 상대방의 안 좋은 부분이 보이더라도 거기에 감정을 연결하지 않으려고 합니다. 판단을 내리지 않는 것이지요.

상대방을 보고 안달복달하는 이유는 '이것이 옳다'거나 '이렇게 해야 한다'거나 '이렇게 했으면 좋겠다'는 본인의 가치관을 강요하고자 하는 마음과 상대방을 내려다보며 평가하려는 마음 때문입니다.

그런 마음을 버리지 않으면 "왜 이런 식으로 못 쓰는 거야?" "제대로 해야지" "내가 그렇게 얘기했는데 왜 아직도 못 해?"라고 쏘아붙이면서 상대방에게 끝없이 주의(비판)를 주게 됩니다. 이렇게 하면 서로 괴롭고 불행해집니다.

다시 말하지만 '민감 안경'을 가진 것은 근사한 일입니다. 보이는 것에 경의를 표하고 자신의 가치관에 근거해서 섣부른 판단을 내리거나 사람을 평가하지 말아야 합니다. 그냥 그대로 인정해주면 됩니다.

남들보다 민감한 사람은 외부 세계를 인식할 때
더 깊은 곳까지 관찰해서 받아들이기 때문에
성능 좋은 '민감 안경'을 가진 경우가 많습니다.
'민감 안경'을 사용해서 타인의 장점을 발견해보는 건 어떨까요?

어떤 사람을 만나든
새로운 면을 기대하라

처음 만나는 사람과 대화를 할 때 우리는 직장, 학력, 연령 등 사전에 알고 있는 정보로 상대방을 판단합니다.

예를 들어 어떤 사람이 훌륭한 대학교수라는 말을 들었다면, 상대방이 무슨 말을 해도 필요 이상으로 고마워하거나 그가 하는 모든 말을 정답으로 받아들일지도 모릅니다.

반대로 누군가에게 그 사람을 신뢰해서는 안 된다는 충고를 받았다면, 그가 아무리 훌륭한 이야기를 하더라도 미심쩍게 생각하게 됩니다.

누구나 정보에 영향을 받게 마련이기 때문에 그도 어

쩔 수 없는 일입니다.

저 또한 누군가를 처음 만날 때는 무의식중에 그 사람에 대한 정보를 바탕으로 만든 색안경을 끼고 봅니다. 그리고 실제로 만났을 때의 첫인상에 따라서 그 사람에 대한 평가가 좌우되지요.

하지만 저는 한순간의 판단에 전적으로 의지하지 않으려고 합니다. 일단 판단을 내리기는 하지만 그 이상의 의미를 두지는 않습니다. 대신 '보류'라는 형식을 취하지요.

저의 판단은 질적으로나 양적으로 부족한 1차 정보를 바탕으로 한 것이기 때문입니다. 보통은 그 뒤에 2차, 3차, 4차의 정보가 들어오기 때문에 처음 정보를 받아들이되 그것만으로 그 사람을 판단하지는 않는다는 말입니다.

함께 사는 아내에게서도 새로운 모습을 발견할 때가 있습니다. 제가 몰랐던 측면을 발견할 때도 있고, 아내가 나이가 들면서 변하는 부분도 있습니다. 10년의 세월이 흐르면 기본 성격은 변하지 않는다고 하더라도 가치관은 변하게 마련입니다. 인간적으로 성장하는 부분도 있을 테지요.

제 남동생을 봐도 그렇습니다. 저는 남동생이 두 명 있는데 존경할 만한 부분이 매년 늘어납니다. 동생들을 보며 '내가 모르던 훌륭한 면이 있었네?' 하고 감탄할 때가 종종 있습니다.

계속해서 변하는 것은 저도 마찬가지여서 옛날에는 용납하지 못하던 일을 용납하게 되었고, 고집스럽던 부분이 유연해졌으며, 민감한 성격이 둔해져서 조금은 편해졌습니다. 그래서 누군가 20년 전의 제 모습을 보고 현재의 저를 평가하면 억울할 것 같습니다.

저 자신이나 가족도 이렇게 변하고 있는데, 잘 모르는 타인을 얼마 안 되는 정보만 가지고 판단하면 안 되겠지요.

서예교실에는 10년 이상 꾸준히 다니시는 분들도 많은데, 저는 그분들을 매일같이 대하고 있음에도 불구하고 10년이나 지난 지금에서야 이런 성격이었구나, 이런 면도 있었구나 하고 새삼스럽게 깨달을 때가 많습니다.

강하게만 보이던 사람에게서 약한 모습을 볼 때도 있고, 약해 보이던 사람에게서 뜻밖의 강인한 모습을 발견하기도 합니다. 누구나 때로는 긍정적으로 행동하고, 때로는 부정적으로 행동합니다.

인간이란 정말 재미있는 존재라고 해야 할까요? 스스

로도 모르는 면이 있는 것 같습니다.

제가 사람을 좋아할 수 있는 것은 1차 정보를 흥미롭게 받아들이기 때문이기도 하고, 이후에 발견될 2차, 3차 정보를 기대하기 때문이기도 합니다.

일 관계로 처음 대면할 때 상대방의 태도가 마음에 안 들 때가 있습니다. 아주 드문 일이지만 상대방이 저를 우습게 보는 듯한 언동을 할 때도 있는데, 저는 그냥 흥미롭게 받아들입니다.

그도 그럴 것이 일을 의뢰하러 일부러 찾아와서 왜 그런 태도를 보이는지 무척 궁금하기 때문입니다. 그렇게 하는 데는 뭔가 이유가 있을 테고, 첫 만남에서는 상식을 벗어난 면을 보였지만 아직 내가 모르는 훌륭한 부분이 있을지도 모릅니다. 그렇게 생각하면 다음번에 얻게 될 2차 정보가 너무나 기대됩니다.

애초에 한 번의 태도만으로 그 사람의 진의를 파악할 수는 없습니다. 몸 상태가 안 좋거나 기분이 안 좋을 때도 있을 겁니다. 반대로 방긋방긋 웃으며 이야기해서 느낌이 좋았는데 사실은 상대방을 배려하느라고 억지로 밝은 체를 했을지도 모릅니다.

저는 개인전을 열거나 강연을 하고 방송에 출연하기도 하면서 대중 앞에 서는 일을 하고 있기 때문에 사람들의 반응에 당황하지 않는 법을 자연스레 익히게 되었습니다.

예를 들어 개인전에 와서 "정말 팬이에요. 만나서 영광입니다"라고 말한 사람이 작품을 구매해주지 않는 경우도 있고, 반대로 무뚝뚝한 표정으로 작품을 빤히 바라보기만 하던 사람이 작품을 구입하는 경우도 흔합니다.

2차 정보를 기대하고 있으면 모든 일을 재미있게 받아들일 수 있습니다.

나에게 힘이 되는 한마디

강하게만 보이던 사람에게서 약한 모습을 볼 때도 있고,
약해 보이던 사람에게서 강인한 모습을 발견하기도 합니다.
다음 번에 얻게 될 2차 정보를 기대하는 마음으로
사람을 만나면 즐겁습니다.

"사람은 누구나 색안경을 끼고 타인을 봅니다.
중요한 것은 상대방의 새로운 면을
즐겁게 기다리는 자세입니다."

4장

왜 나는 타인의 감정에
잘 휘둘리는 걸까?

민감한 사람일수록
둔감력을 키워야 한다

저는 '내 기분은 내가 정한다'는 방침을 세웠습니다.

이 말은 주변에 기분이 안 좋은 사람이 있더라도 나는 나대로 타인의 부정적인 감정에 휘둘리지 않겠다는 뜻입니다.

기혼자라면 알 겁니다. 배우자가 갑자기 화를 내는데, 도통 이유를 알 수 없어서 어리둥절해질 때가 있지요.

혹은 직장 상사가 왜인지 계속 저기압 상태여서 괜한 불똥이 튀는 경우도 있습니다.

그럴 때 저는 어떻게든 사태를 해결해보겠다는 생각을 하지 않습니다. 일단 상대방의 부정적인 기분을 받아들이기는 하지만, 결코 말려들지는 않습니다. '뭐, 살다 보면 그럴 때도 있지' 하고 이해만 하고 그냥 내버려둡니다.

제가 이렇게 생각하게 된 데는 아버지의 영향이 있었던 것 같습니다.

아버지는 경륜의 승부를 예측하는 신문을 발행합니다. 그래서 자전거 경주의 승패에 따라서 아버지의 기분이 하늘로 솟기도 하고 땅으로 곤두박질치기도 합니다.

게다가 저희 부모님은 한 번 부부싸움을 하면 격하게 하셨기 때문에 저희 집 날씨는 구름 한 점 없이 맑았다가도 갑자기 천둥과 벼락을 동반한 비가 내리는 등 수시로 바뀌었습니다. 이런 부모님 기분에 휘둘렸다가는 평온한 마음으로 생활할 수가 없었습니다.

그런 환경에서 자랐기 때문에 '나는 나고, 다른 사람은 다른 사람이다. 내 기분은 내 자신이 정한다'고 당연한 듯이 나와 타인의 기분을 분리하게 되었습니다.

하지만 저도 사람이기 때문에 지금도 방심하면 금세 부정적인 생각이 들고, 남의 기분을 살피다가 그의 기분에 휘둘리기도 합니다. 걱정이 많은 성격이기도 해서 저도 모르게 다른 사람의 낯빛을 살피고 기분을 맞춰주려할 때도 있습니다. 속마음을 말하지 못하거나 거절하지 못해서 나중에 후회할 때도 있지요.

저는 밝아 보여도 태생이 긍정적인 사람은 아닙니다. 그런데 서예가로서 제 자신이나 제 작품이 세상에 노출되는 상황에서 너무 민감하게 굴면 살아가기 어려울 것 같다는 생각이 들었습니다. 그래서 저는 일부러 스스로를 둔감하게 만들고 있습니다.

민감해서 살아가기 힘든 당신에게도 "괜찮다"는 말을 하고 싶습니다. 느긋한 마음으로 연습하면 당신도 민감력과 둔감력을 나눠서 사용할 줄 알게 될 겁니다.

이제 민감력과 둔감력을 나누는 연습 방법을 소개하겠습니다.

타인의 기분에 휘둘리지 않기 위해서 제가 자주 하는 연습은 '마인드셋'입니다.

이를테면 운동선수가 자신의 사고 방식이나 마음가짐, 감정을 매일같이 세팅(굳은 의지를 다지거나 단련하거나 바꾸는 일)하는 것을 말하는데요. 아침에 외출하기 전 "좋았어! 오늘을 즐기자!"라고 외치는 것도 추천할 만한 마인드셋 방법입니다.

날씨가 맑으면 "기분 좋다!" 하고 입 밖으로 내서 말하고, 반대로 비가 내리면 "난 비 내리는 날이 좋아!" 하면서 기뻐하면 됩니다.

이렇게 하면 월요일부터 비가 와서 주위 사람들이 왜 비까지 오냐며 탄식해도 우울한 기분에 말려들지 않게 됩니다.

이름에 구름 '운(雲)'자가 들어가 있어서인지 저는 어려서부터 비를 아주 좋아했는데, 주위 어른들은 비가 올 듯이 날이 흐리면 떨떠름한 표정을 짓고는 했습니다. 일기예보를 전하는 기상 캐스터조차 "공교롭게도 비가 오겠습니다"라고 제가 좋아하는 비에게 '공교롭다'는 표현을 씁니다. 저로서는 이해가 되지 않았지요.

다른 예로 저는 잘 때가 되면 아무래도 기분이 가라앉기 때문에 '잠＝감사'라고 스스로를 설득하고는 했습니다.

그런데 젊은 여성 스태프들에게 잠에 대해서 물었더니 "잘 때가 최고죠. 구름 안에 있는 것 같은 느낌이 들어서 행복해요"라는 뜻밖의 대답을 들었습니다.

그렇게 받아들일 수도 있겠다는 생각에 따라 해봤더니

저도 이불로 몸을 감싸는 일이 즐거워졌습니다.

사실 무언가가 싫다는 감정은 아기 때부터 있었던 게 아니라 가족의 영향이나 과거의 경험 때문에 '싫다'는 해석이 더해진 것에 불과합니다.

마인드셋을 하면 해석이 달라질 수 있습니다. 싫다고 주입되었던 일도 즐거워집니다. 비 오는 날도 즐길 수 있게 됩니다.

적어도 타인의 부정적인 감정에 휩쓸리지 않게 될 테니 꼭 시험해보시기 바랍니다.

나에게 힘이 되는 한마디

주위 사람들의 기분에 휘둘리면 삶이 힘들 수밖에 없습니다.
'나는 나'라고 생각하면 다른 사람 기분에 휘둘리지 않게 됩니다.

마음은 정글과 같아서
깊이 들어가면 길을 잃는다

인간관계에 관한 고민 대부분은 생각이 지나치게 많아서 생깁니다.

'저 사람은 무슨 생각을 하는 거지?' '사실 화가 난 게 아닐까?' '정말로 기뻐하는 거 맞나?' 등 타인의 마음을 읽으려고 하다가 스스로 휘둘리는 것이지요.

세상에 '사람의 마음을 읽는 법' 같은 심리학 정보가 넘치는 것도 이런 이유에서일 겁니다.

제 생각에 타인의 입장에 서보는 일은 중요하고 의미 있는 일이지만, 타인의 마음속을 아무리 들여다보려고 한들 소용이 없습니다.

사람의 마음은 정글이기 때문입니다.

정글은 깊은 숲입니다. 어설프게 들어갔다가는 혼자 힘으로 빠져나올 수 없게 됩니다.

저는 사람의 마음도 마찬가지라고 생각합니다. 어설프게 남의 진심이나 속마음을 찾으려고 하다가는 조난을 당하게 되어 있습니다.

한 사람의 인간에게는 그만큼 다양한 면이 있기 때문에 그때그때의 심경을 하나의 감정으로 명확하게 설명할 수 없습니다. 자기 자신을 예로 생각해보면 쉽게 알 수 있습니다.

예를 들어 친구가 페이스북 같은 SNS에 좋은 회사에 취직했다거나, 어려운 자격증 시험에 합격했다거나, 해외 여행을 갔다는 등의 내용과 함께 즐거워 보이는 사진을 올렸다고 해봅시다.

그것을 보고 난 후의 기분을 한 마디로 표현하라고 하면 생각처럼 쉽지 않습니다. 친구로서 순수하게 축하하고 싶은 마음도 있겠지만, 질투하는 마음도 있을 겁니다. 자랑하는 건가, 하면서 기분이 나빠질지도 모르고 어쩌면 나보다 잘된 게 너무 분해서 증오에 가까운 감정이 생길지도 모릅니다.

친구의 SNS를 볼 때 어떤 상황에 있고, 그것을 보기 직전에 기분이 어떤 상태였는지에 따라서도 받아들이는 방식이 달라집니다. 전체적으로 종합해보면 '좋아요'를 누르겠지만 어떤 감정도 진심이 아닌 것은 없습니다.

그렇다고 '보란 듯이 자랑하는 꼴을 보니 괘씸하다'는 감정 또한 당신의 진심이라고 인정하라고 하면, 꼭 그런 건 아니라면서 한발 물러서게 되겠지요.

인간의 마음은 복잡하기 때문에 어떤 것이 진심인지는 자신도 모르는 경우가 많습니다. 그러니 실체가 없는 두루뭉술하고 뒤죽박죽인 타인의 감정에 대해서 '저 사람의 진심은 뭘까?' '연락했는데 왜 답이 없을까?' '왜 오늘은 표정이 안 좋을까?' 등을 생각하기 시작하면 끝이 없고, 혼자 끙끙 앓아봤자 아무 의미도 없습니다.

게다가 인간의 감정은 1초 사이에도 변합니다. 감정은 주변의 영향을 쉽게 받기 때문에 같은 곳에 머물러 있지 않습니다.

예를 들어 당신이 점심때 만났던 사람의 태도에 화가 났다고 해봅시다. 대놓고 욕설에 가까운 비판을 받았을지도 모르고, 그 원인이 뭐든 당신은 그 순간 엄청난 분노를 느꼈습니다.

하지만 그 후에 계속해서 같은 감정이 유지되지는 않을 겁니다. 배가 고프다. 밥이 맛있었다. 갑자기 비가 와서 당황했다. 일에 성과가 있어서 성취감을 맛봤다. 슬픈 뉴스를 보고 눈물을 흘렸다. 예능 프로그램을 보고 배꼽이 빠지게 웃었다. 재롱을 떠는 강아지를 보고 마음의 위안을 얻었다. 가족과 즐겁게 대화를 나눴다. 욕조에 들어가 느긋하게 목욕을 즐겼다…….

이처럼 우리는 눈앞의 일에 항상 영향을 받고 마음은 그때마다 이리저리 움직입니다. 내 마음조차 이렇게 움직이는데, 상대방의 마음을 읽으려고 하는 것이 과연 의미가 있을까요?

제 친구가 예전에 이런 취지의 이야기를 한 적이 있습니다.

"타인의 비판을 항상 신경 쓰는 것만큼 바보 같은 일은 없다. 비판을 한 사람은 그 순간에는 비판을 했지만, 다음 순간에는 자신이 비판한 사실을 잊고 맛있는 밥을 먹으러 갔을 테니까."

저도 이 말에 전적으로 동감합니다.

"좋은 사람이라고 생각했는데 배신을 당했어요. 그런 사람일 줄은 몰랐습니다"라거나 "그 사람은 겉과 속이 달라서 도무지 알 수가 없어요"라는 고민을 들을 때마다 저는 이렇게 말합니다.

"아니요, 인간에게는 겉과 속만 있는 것이 아니라 100가지도 넘는 가면이 있답니다."

인간의 마음은 겉과 속만으로 헤아릴 수 있을 만큼 단순하지 않습니다. 게다가 우리는 24시간 365일 같은 생각을 하는 것이 아닙니다. 주사위가 굴러가듯이 계속해서 변합니다. 강인할 때도 있고, 약해질 때도 있습니다. 계산적일 때도 있고, 순수할 때도 있습니다. 심술궂을 때도 있고, 친절할 때도 있습니다. 이기적일 때가 있는가 하면 이타적일 때도 있습니다.

그날의 컨디션이나 기분에 따라서 그 사람의 인상이 달라지겠지만 모두 같은 사람입니다.

그러니 이제 타인을 바라볼 때 '내가 어떻게 알겠어?' 하는 편안한 마음으로 다양한 방향에서 두루 살펴보시기 바랍니다.

의심하면서 상대방의 한 가지 면만 보기를 그만두면 인생이 편해집니다. 타인에게서 지금까지 발견하지 못했던 좋은 면을 발견할 수 있을 겁니다.

나에게 힘이 되는 한마디

민감한 당신만큼이나 사람의 마음은 복잡합니다.
타인의 마음을 겉과 속으로만 나눠 판단하지 말고
다양한 면을 두루 살펴보시기 바랍니다.

"우리는 눈앞의 일에 항상 영향을 받고
마음은 그때마다 이리저리 움직입니다.
이처럼 사람의 마음을 읽는 건 어려운 일입니다."

다양한 장소에 나만의 공간을
만들어야 하는 이유

소속된 곳에 정을 붙일 수 없다거나 자신의 설 자리가 없는 것 같다며 고독해 하는 사람이 있습니다. 그런가 하면 동료의식과 연대가 끈끈한 조직과 맞지 않아 혼자 있기를 선호하는 사람도 있지요.

조직에 대한 이런 의존도 차이가 어디에서 오는가 생각해보니, 정신적인 부분과 경제적인 부분이 영향을 주는 게 아닌가 싶습니다.

저는 기본적으로 어떤 커뮤니티에도 소속되어 있지 않습니다.

방송에 출연하고는 있지만 연예계에 속해 있다고 생각하지도 않고, 책을 내고는 있지만 출판계도 마찬가지입니다. 심지어는 본업인 서예계에조차 소속되어 있다고 생각하지 않습니다.

어느 세계에도 의존하지 않기 때문에 극단적으로 말하자면 언제 쫓겨나도 괜찮다고 생각할 정도입니다.

그래서 관계자에게 잘 보이려고 말을 골라 하거나 삶의 방식을 바꿀 일도 없고, 어느 업계와도 일정한 거리를 두고 만나기 때문에 오히려 좋은 관계를 유지하고 있는 것 같습니다.

돌아보면 저는 초등학생 때도 그랬습니다. 어떤 커뮤니티나 그룹에도 끼지 않았지요.

물론 스스로 그렇게 했음에도 불구하고 중학교 시절 따돌림을 당했을 때는 상당히 우울했습니다. 그 당시 제가 고독감을 느끼고 우울해했던 이유는 내가 있을 자리는 학교밖에 없다고 생각했기 때문입니다. 하지만 그 후에 저를 따돌리던 그룹 내에서 내분이 일어나는 모습을 보게 되었고, 차라리 고립되어 있어서 다행이라는 생각이 들었습니다.

지금 저에게는 다양한 세계가 있습니다. 그리고 어느 커뮤니티와도 깊은 관계를 맺지 않고 있기 때문에 매우 편합니다. 불필요한 분쟁에 휘말리지도 않고, 누군가에게 잘 보이려고 무리하게 에너지를 소모하지 않아도 됩니다. 항상 함께 있는 것이 아니기 때문에 회식에 초대받지 못했다고 해서 실망하지도 않습니다.

반대로 제가 그 세계에 집착하면서 상대방을 조종하고 싶은 마음도 없습니다.

불편한 커뮤니티 혹은 매우 좋아하는 커뮤니티 안에서 열심히 하는 것이 오히려 공동체 안에서의 고독으로 이어진다고 생각합니다.

만약 당신이 어떤 커뮤니티에 속한 것에 부담을 느끼고 있다면 거기서 시원하게 빠져나오거나 휩쓸리지 않게 거리를 두는 것도 하나의 방법입니다.

과거와는 달리 요즘은 온라인상에도 커뮤니티가 무수히 많습니다. 사람들의 가치관도 다양해졌고 취미의 세계도 상당히 세분화되었습니다.

일이나 사는 곳도 그렇습니다. 더 이상 마을에서 따돌림을 받는다고 해서 살아갈 수 없는 시대가 아닙니다. 아내(남편)는 이러이러해야 한다거나, 장남은 어때야 한다거나, 취직하면 그 회사에 뼈를 묻어야 한다는 것도 이제는 옛말이 되었습니다.

이왕 이런 시대가 되었으니 하나의 커뮤니티에 집착하지 말고 가볍고 냉정하게 생각하면서 다양한 장소에 자신이 있을 곳을 만들면 어떨까요?

우리에게는 선택의 자유가 얼마든지 있습니다. 이렇게 생각하면 출구 없는 스트레스도, 인간관계의 알력도 사라져서 모든 일이 잘 풀리기 시작할 겁니다.

앞의 이야기와 연결지어 '고립되어 외롭다'는 감각에 관해서 더 이야기해보겠습니다. 저는 높은 인칭으로 생각할 수 있는 사람은 고립될 가능성이 적다고 생각합니다.

인칭이란 주어를 나타내는 말로 1인칭은 '나', 2인칭은 '너', 3인칭은 '우리·그들'입니다. 영어시간에 배웠던 기억이 날 겁니다.

어린아이는 자기만 생각하기 때문에 '나는'이라는 주어만 사용합니다. 그러다 나이가 들수록 사회성이 생겨 상대방도 생각할 줄 알게 됩니다.

높은 인칭으로 생각하는 사람이란 어떤 일을 할 때 '나'뿐만 아니라 '당신' '우리' '그들' 등 보다 넓은 시야로

볼 수 있는 사람을 말합니다.

회사원을 예로 든다면 자신만 생각하는 건 1인칭 사고이고, 눈앞의 동료까지 생각하는 것은 2인칭 사고이며, 부서나 회사 전체, 업계, 국가의 이익까지 생각할 줄 아는 것이 3인칭 사고입니다.

범위가 너무 넓어지면 현실감이 없어지기는 하지만 저는 항상 이런 식으로 생각하는 연습을 합니다.

제 자신도 소중하지만, 가족도 소중하고 서예교실 학생들이나 선생님도 소중합니다. 그들의 가족도 소중하고 서예계나 출판계, 방송계 사람들, 그리고 온 인류가 소중합니다. 따라서 그 사람들이 행복해지려면 어떻게 해야될까를 생각합니다.

반대로 '나'라는 1인칭 사고밖에 할 줄 모르는 사람은 주위에 누가 있고 몇 명이 있든 아무리 시간이 흘러도 고독할 겁니다.

또한 높은 인칭으로 생각할 줄 알면 회사나 업계 등 자신이 소속된 조직의 국지적인 논리에 얽매이지 않습니다. 우리나라, 또 세계를 생각하다 보면 부서나 회사의 논리에 구애받지 않게 되는 것이지요.

이렇게 더 높은 차원에서 생각하는 연습을 하면 인간 관계도 좋아집니다.

나에게 힘이 되는 한마디

민감한 당신은 공허한 대화나 의미 없는 만남을 못 참아 합니다.
그렇다해도 '나'라는 1인칭만 생각하면 고립되기 쉽습니다.
'우리'를 생각하면 인간관계가 좋아집니다.

마주할 자신이 없다면
도망가라

"다케다 씨는 잘 안 맞거나 거북한 사람이 없나요?"

이런 질문을 자주 받는데, 물론 저도 안 맞는 사람이 있습니다.

웬만한 사람과는 맞출 자신이 있지만 화를 잘 내는 사람은 아무래도 대하기가 어렵습니다. 물론 화내는 사람을 좋아하는 이는 없겠지요.

버럭 호통을 치거나 감정적으로 나오는 사람이 있으면 어쩔 수 없이 반사적으로 대응하게 됩니다. 저는 주변 상황에 따라 감정이 쉽게 변하기 때문에 이런 상황이 너무 불편합니다.

그래서 안 맞는 사람이 있어서 고민이라는 사람에게 는 마음의 거리와 함께 물리적인 거리를 확보하라고 말합니다. 물리적으로 떨어지고 어떻게든 그 사람과 만나는 시간을 줄이는 겁니다. 마음이 가까워지기를 기대하지 않는 것이지요.

눈앞에서 누군가가 안절부절못하거나 서로 소리치며 싸움을 하면, 불안해서 차분히 있을 수가 없다거나 그만 좀 했으면 좋겠다는 생각이 들면서 마음이 괴로워집니다.

그런데 싸움을 하는 사람들이 멀리 떨어져 있다면 어떨까요? '뭔가 단단히 화가 난 모양이군' 혹은 '어른스럽지 못하게 뭐 하는 거야?' 하면서 구경꾼의 입장에서 보게 됩니다.

자동차 경주장을 질주하는 모습이 멋진 경주용 차도 집 앞 골목에 들어오면 소음이 심하다고 화를 낼 수밖에 없겠지요.

결국 거리감의 문제입니다. 기본적으로 상대방을 바꾸는 것은 불가능하기 때문에 내가 평온하게 지내고 싶다면 나를 바꾸든지 상대방과 심리적·물리적 거리를 두는 수밖에 없습니다.

"직장 상사랑 잘 안 맞을 때는 어떻게 하면 좋을까요? 스트레스가 심해서 병까지 날 지경입니다."

이런 질문도 자주 받습니다.

권력을 가진 사람에게 미움을 받았을 때는 두렵기도 하고 입장도 난처하겠지요. 저도 질리도록 경험한 일인데, 이는 인간관계에서 끊이지 않는 고민입니다.

스트레스로 건강에 이상이 올 정도로 관계가 악화되었다면, 우선은 부정적인 자신의 감정을 받아들이는 것이 중요합니다. 상사가 너무 싫다는 감정을 인정하라는 말입니다. '저 사람만 없으면 얼마나 편해질까?' 하면서 화를 내고 있는 자신과 이런 자신을 납득하지 못하는 스스로를 일단 해방시켜주어야 합니다.

그러면 스스로 안심하게 됩니다. 화를 내던 마음도 진정됩니다.

그 후에 취할 방법은 크게 두 가지입니다.

계속해서 마주하거나 계속해서 거리를 두거나 둘 중 하나입니다.

서예교실 학생 가운데 성격이 안 맞는 상사와 계속해서 마주한 여성이 있었습니다.

일부러 상사와 술자리를 갖고, 일에 대한 열정을 보이기 위해 스트레스성 두드러기에 시달리면서도 끈기 있게 자신의 생각을 전했더니 꼴도 보기 싫던 상사가 2년 후에는 히어로처럼 든든한 아군이 되어주었다고 합니다.

하지만 이렇게 하기는 결코 쉽지 않습니다. 이 경우는 그녀가 끈기 있는 사람이라 가능했던 것이고, 결과적으로 보면 상사도 괜찮은 사람이었는지 모릅니다.

계속 마주할 자신이 없다면 거리를 두고 도망가는 수밖에 없습니다. 회사를 그만두거나 부서를 바꾸거나 이직해야 합니다.

도망이라고 하면 부정적으로 들릴지 모르지만, 각오를 하고 도망가는 것은 긍정적인 선택입니다. 숲속을 걷다가 눈앞에 곰이 나타났을 때 도망가는 것은 겁쟁이여서도 아니고 비겁한 행동도 아닙니다. 어쨌든 무사히 살아남는 것이 우선이지요.

또 다른 방법은, 똑같이 도망치는 것이기는 하지만 티 안 나게 도망치는 겁니다. 상사가 무슨 말을 하든 일단 "네, 알겠습니다" 하고 어른스럽게 대응하되 마음에 담아두지 않는 것이지요. 물리적인 거리는 가까울지라도 정신적으로는 거리를 두는 방법입니다.

참고로 저는 이 방법을 자주 씁니다. 마주하려고 노력하기도 하고 물리적으로 거리를 두는 방법도 시도하지만 그래도 안 되면 정신적인 거리를 둡니다.

상대방이 화를 내면 생각 없이 "죄송해요" 하고 일단 받아넘깁니다. 그가 무슨 말을 하든 "고맙습니다" 혹은 "굉장하네요" 하며 정신적으로 도망칩니다. 절대로 마주하지 않습니다.

이렇게 할 수 있느냐 없느냐는 성격이나 상대방과의 관계에 따라 달라지기 때문에 추천하는 방법은 아닙니다.

하지만 이런 방법도 있다는 사실을 아는 것만으로도 마음이 한결 가벼워집니다.

나에게 힘이 되는 한마디

당신이 민감한 사람이라면 잘 안 맞는 사람에게서 도망치는 것도 긍정적인 선택이 될 수 있습니다.

"물리적인 거리를 두려고 노력해봐도 안 된다면
정신적인 거리를 두는 것도 방법입니다."

민감한 세상에서
나를 보호하는 법

민감한 사람은 파티나 술자리 등 모임을 선호하지 않는 경우가 많습니다. 여러 사람을 배려하다 보면 지치기도 하고, 익숙하지 않은 곳에서 고독감을 느끼기도 하기 때문입니다.

그런 곳에 갔을 때 저는 뭔가 해야 한다는 생각을 버리려 노력합니다. 그것만으로도 마음이 편안해집니다.

다른 사람들의 감정을 확인하는 일도 중요하지만, 가끔은 자신이 즐기는 일에 전념해보면 어떨까요?

과감히 '둔감 스위치'를 켜고 눈앞에 있는 요리만 음미하거나 대화 상대를 찾아 이야기에 흠뻑 빠져보거나 혹은 다른 사람을 관찰하는 등 자신이 원하는 방법으로 그 자리를 즐기는 겁니다.

둔감 스위치를 자유자재로 켜고 끌 수 있으면 아주 편리합니다.

저는 아직도 민감과 둔감을 한순간에 전환하는 연습을 하고 있습니다.

예를 들어 저를 포함해 세 명이 모였는데 두 명이 말다툼을 시작했다고 해봅시다. 예전 같으면 미묘한 공기의 흐름을 감지하고 어떻게든 해결하려고 곧장 움직였겠지만, 지금은 저까지 말려들지 않도록 그 순간 둔감 스위치를 켜고 '싸워도 어쩔 수 없지. 어떻게든 해결될 거야' 하고 속 편하게 있으려고 합니다.

또 방송에 출연할 때나 강연회 등 많은 사람 앞에서 말을 할 때는 완벽해야 한다는 생각을 버렸습니다. 이 역시 둔감 스위치입니다.

저는 제가 상처받기 쉽다는 사실보다는 '내가 한 말에 누군가가 상처를 받지 않았을까?' '내가 지나치게 긍정적이어서 부정적인 사람이 뭔가를 강요당하는 기분이 들지는 않았을까?' 하는 생각 때문에 항상 긴장하고 살았습니다.

담석증에 걸린 것도 이런 성격 탓일 거라고 스스로 진

단합니다. 입은 재앙의 근원이라는 말 때문인지, 내 말이 다른 사람에게 어떤 영향을 끼칠지에 대한 공포로 마음이 무거워져 일할 때 지장이 생기기도 했습니다.

그래서 아직도 신중하게 발언하려고 주의하기는 하지만, 지나치게 신경 쓰지 않으려 노력하고 있습니다. 모두가 행복해지거나 한 사람도 상처받지 않게 이야기하는 건 절대로 불가능하다는 사실을 깨달았기 때문입니다.

백 명에게 말하면 한 명은 상처를 받을지도 모르지만, 다른 한 명은 기뻐할지도 모릅니다. 책이나 블로그에 글을 쓸 때를 포함해 많은 사람 앞에서 말을 할 때는 그런 식으로 생각하고 편하게 말하기로 했습니다.

요즘에는 스마트폰이나 컴퓨터를 계속 켜놓는 사람이 대부분입니다.

민감한 사람이 아니더라도 세상이 매우 민감해져 있기 때문에 때로는 스위치를 끄고 정보를 차단해야 합니다. 불안이나 분노 등의 부정적인 감정에 휩쓸리기 쉽기 때문입니다.

과거에는 실제로 사람들이 모이는 장소에 가지 않는

이상 기분 나쁜 일을 당할 일이 거의 없었고, 인간관계에서 생기는 말썽의 범위도 제한적이었습니다.

하지만 인터넷 시대는 다릅니다. 미디어와 SNS가 연동해서 부탁한 적도 없는 외국의 비극적인 뉴스부터 천재지변의 끔찍한 현장 그리고 지인의 생일파티 현장까지 민감함을 자극하는 정보를 대량으로 흘려보냅니다.

친구들끼리 실없이 장난을 치다가 한 바보 같은 행동이 어느새 온 세상에 알려져서 악성 댓글에 시달릴 수도 있습니다.

실제로 제가 아는 지인은 추운 겨울에 친구와 길거리를 지나가다 쓰러져 있는 여성분을 도와줬는데, 다른 행인의 실수로 성추행범으로 오해받아 인터넷에 얼굴이 올라가 큰 곤혹을 치른 적이 있었습니다.

이런 세상에서 살려면 때로는 인터넷을 차단할 필요가 있습니다.

말하자면 '디지털 디톡스'입니다. 저도 디지털 디톡스를 실천하고 있습니다. 하는 일의 특성상 며칠씩 세상과 떨어져 있을 수는 없지만, 신칸센을 타고 이동할 때나 '이 시간에는 이 일을 마음껏 즐기자'는 생각이 들 때는 적극적으로 전원을 끕니다.

인터넷에 연결된 시간을 줄이는 것만으로도 마음이 편
안해집니다.

나에게 힘이 되는 한마디

민감한 사람이 아니더라도 세상이 매우 민감해져 있기 때문에
의식적으로 부정적인 감정을 차단할 필요가 있습니다.
특히 외부에서 오는 자극은 시각을 통해 들어오는 경우가 많으므로
단지 눈을 감는 것만으로도 많은 것이 차단됩니다.

상대방의 요구를
구체화해서 생각하라

결혼한 사람들끼리 이야기를 하다 보면, 아내가 갑자기 화를 내기 시작했는데 이유를 모르겠다며 푸념하는 사람이 있습니다.

물론 이는 어느 한쪽이 나쁜 게 아니라 남녀가 서로 다른 세계를 보고 있기 때문에 일어나는 현상입니다. 아내에게는 아내 나름의 이유가 있고 남편에게는 남편 나름의 이유가 있어서 서서히 분노의 감정이 쌓이게 되고, 도화선에 이미 불이 붙었는데 상대방의 눈에는 그것이 보이지 않는 것이지요.

남성은 종이 위 2차원의 세계에서 살고, 여성은 공간 안 3차원의 세계에 산다고 해봅시다.

3차원 안에서 봤을 때는 흘러가는 듯한 움직임도 2차원인 종이 위에서는 불규칙하게 나타나는 점으로밖에 인식되지 않습니다.

이와 마찬가지로 서로 마음의 움직임을 모두 알아차리기는 매우 어렵기 때문에 배우자에게는 다음과 같이 부탁하는 것이 좋습니다.

"알았어. 모두 이해할 수는 없지만 딱 한 가지만 가르쳐줘. 그것만은 확실하게 지킬 테니까."

이처럼 상대방이 희망하는 것을 눈에 보이는 형태로 구체화하는 것입니다.

"당신이 화를 내는 이유는 여러 가지가 있을지 모르지만, 사실 나는 이해가 잘 안 되니까 구체적으로 세 가지(혹은 한 가지)만 말해줬으면 좋겠어. 그걸 한 달 안에 열심히 해볼 테니까."

고민해봤자 어차피 모를 일을 계속 생각할 게 아니라, 상대방이 바라는 일을 세 가지로 압축해서 명확하게 만드는 것이지요.

이는 부부 사이뿐만 아니라 상사와 부하 등 다른 인간관계에서도 활용할 수 있는 유용한 방법입니다.

직장에서도 상사와 불편한 관계가 지속된다면 상사에게 정중하게 대화 시간을 요청한 후, 자신에게 바라는 점을 구체적으로 몇 가지 압축해서 말해달라고 하는 겁니다. 어떤 까칠한 상사라도 조언을 해달라는 부하직원의 부탁을 쉽게 거절하지는 못할 테니까요.

나에게 힘이 되는 한마디

민감한 사람은 다른 사람에게 피드백을 받는 것을
두려워하는 경향이 있습니다.
그러나 더 좋은 인간관계를 맺기 위해서는
생각과 감정을 공유하고 상대방의 피드백을
확인할 필요가 있습니다.

5장

민감한 사람도
'에어 리더'가 될 수 있다

민감한 사람은 타인의 미묘한 감정을 잘 읽는다

　　　　　　　지금까지 민감한 사람의 기질에 관한 여러 가지 이야기를 했습니다.

　그렇다면 둔감한 사람은 어떨까요?

　그들은 타인의 감정을 신경 쓰지 않거나 혹은 눈치채지 못하기 때문에 어떤 면에서는 행복할지 모르지만, 그 대신 회사 상사나 선배에게 "분위기 파악 좀 해라" "상대방 기분도 생각해야지" 같은 핀잔을 자주 듣게 됩니다. 그리고 둔감한 사람은 사회에서 성공하기 힘듭니다.

　반대로 민감한 사람은 읽지 않아도 될 미묘한 공기의 흐름까지 읽고 맙니다. 분위기를 읽고 반응할 뿐 아니라 앞으로 일어날 일까지 예상하고 미리 걱정하거나 마음이 무거워지기도 하지요.

본인은 이런 성격 때문에 고민할지도 모르지만, 다른 각도에서 보면 분위기를 감지하는 능력이 뛰어나다는 뜻이기도 합니다. 타인의 기분에 민감하다는 것은 인간으로서 훌륭한 일인 데다 잘 사용하면 인생이 풍요로워지고 즐거워질 수 있으니까요.

사회적으로 성공한 사람 대부분은 겉으로는 그렇게 안 보일지 몰라도 어딘가 민감한 부분이 있습니다.

타인의 감정 변화나 주위의 분위기를 누구보다 빨리 파악한다면 자신을 '감정예보 해설자'라고 생각하면 어떨까요? 기상 해설자가 전문적인 지식으로 날씨를 읽는 것처럼, 당신도 타인의 감정을 읽고 그것을 이용해 자신과 주변 사람들이 행복해지는 데 도움을 줄 수 있습니다.

자신에게 감정예보 해설자라는 별명을 붙이기만 해도 긍정적인 감정이 생기고 마음도 편안해질 겁니다.

날씨는 쾌청할 때도 있고 흐릴 때도 있습니다. 태풍이 올 때도 있고 눈이 내릴 때도 있습니다. 지역마다도 다릅니다. 더운 지역, 추운 지역, 일교차가 큰 지역, 비가 많이 내리는 지역, 날씨가 자주 변하는 지역…….

사람의 감정이나 어떤 자리의 분위기도 이와 마찬가지로 항상 변하고 장소에 따른 특징이 있습니다. 감정예보 해설자는 인간관계에서의 미묘한 감정 변화를 읽을 수 있고, 쾌적하게 지낼 수 있는 곳을 남보다 빨리 알아내는 사람입니다.

그것을 알면 자신이 처한 환경에서 어떻게 지낼지 방향을 정할 수 있습니다.

예를 들어 지금은 장마철이지만 (눈물로 세월을 보내고 있지만) 한 달만 지나면 장마가 끝난다는 (시간이 지나면 극복할 수 있다는) 사실을 알고 나면 기분이 완전히 달라집니다. 자신이 있는 곳이 낙뢰가 많은 지역(상사가 다혈질인 부서)이라는 사실을 알고 있으면 몸을 낮추고 (눈에 띄지 않도록) 피해를 입지 않기 위해 궁리할 수 있습니다.

또한 구름의 움직임이 심상치 않더라도 (가까운 사람의 감정이 거칠어지기 시작하더라도) '이번에는 그렇게 큰 태풍은 아닐 것 같다. 내일 오전쯤에는 비가 그칠 거야'라는 식으로 생각하면 됩니다.

이렇게 예상하는 습관을 들이면 스스로 쾌적하게 지낼 수 있을 뿐 아니라 누구보다 빨리 눈치챈 감정 정보를 주위에 요령껏 전달할 수 있습니다. 가끔은 예보가 빗나갈 때도 있겠지만 그 정도는 애교로 넘어갈 수 있을 겁니다.

이런 감정예보 캐스터는 사람의 마음이나 그 자리의 분위기에 민감하기 때문에 컨설턴트나 비서로서도 성공할 수 있겠지요.

앞으로는 많은 분야에서 컴퓨터가 인간의 일을 대신하게 될 텐데 그럴 때일수록 사람 마음의 미묘한 움직임을 읽을 줄 아는 사람, 고객이나 동료를 배려할 줄 아는 사람이 필요할 겁니다.

따라서 민감한 사람은 자신감을 가져도 됩니다.

나에게 힘이 되는 한마디

부정적인 감정이 일어나는 것은 막을 수 없습니다.
당신이 민감한 사람이라면 감정을 막기보다는
'그래서 그 다음에 어떻게 하는 것이 좋을까'를
생각하는 습관을 가져보면 어떨까요?

분위기를 파악하고 이끄는
'에어 리더'

민감한 사람은 분위기 파악을 잘합니다. 눈앞에 있는 상대방의 기분은 물론 그 자리에 있는 다른 사람의 기분도 헤아릴 줄 압니다.

이렇게 상대방의 입장에 서서 생각하는 일은 매우 중요하지만, 거기에 동조해서 휘둘리는 것은 위험합니다.

자신의 기분이 안정적일 때 상대방의 기분을 살피면 별 동요 없이 받아들일 수 있겠지만, 항상 마음처럼 되지는 않기 때문입니다.

민감한 사람은 상대방이 내뿜는 부정적인 감정이나 에너지에 쉽게 지쳐버리는 경우가 많습니다. 말이 거친 사람들과 오래 대화하다 보면 그 사람이 내뱉는 송곳 같은 말에 몸 구석구석이 찔리는 것 같은 느낌에 사로잡히기도 하지요.

그렇다면 단순히 분위기를 읽는 데서 그칠 게 아니라 분위기 자체를 바꿀 수 있다면 얼마나 좋을까요?

저는 강연회 등을 통해 많은 사람들 앞에서 이야기하며 분위기 전환의 중요성을 통감했습니다.

"다케다 소운입니다, 잘 부탁드립니다" 하면서 밝은 목소리로 인사했는데 웃는 얼굴로 손뼉을 치는 사람이 몇 명 안 될 때가 있습니다. 전체적으로 냉랭한 분위기일 때도 있지요. 이럴 때는 참 난감합니다.

웃기려고 조금 센 농담을 했는데 진심으로 싫은 표정을 짓는 사람도 있습니다. 때로는 강연 내내 조는 사람도 있지요. 그럴 때는 어떻게든 강연회장의 분위기를 바꿔야 합니다.

분위기가 냉랭할 때는 저도 조용한 목소리로 "다케다 소운입니다. 오늘은 이런 주제로 강연을 하러 왔습니다" 하면서 침착한 분위기로 시작합니다.

그러고 분위기를 조금씩 살피면서 반응이 좋았던 이야기나 웃음을 보였던 화제로 청중과 파장을 맞춰가면서

얼어붙은 분위기를 서서히 녹입니다.

처음에는 청중의 반응에 크게 동요했는데, 경험이 쌓이면서 자연스럽게 분위기를 바꿀 수 있게 되었습니다. 사적으로 몇 명 안 되는 인원이 모일 때도 기본적으로는 같은 방법을 사용합니다.

분위기를 파악할 줄 아는 사람을 에어 리더(air reader)라고 한다면, 부정적인 분위기를 조금씩 바꿔 가는 에어 클리너(air cleaner)나 그 자리의 차가운 공기를 풀거나 뜨거워진 공기를 식히는 에어 컨디셔너(air conditioner)가 될 수 있다면 얼마나 좋을까요?

그런데 이는 고도의 기술이 필요하기 때문에 소심하게 분위기를 살피고 진심을 말하지 못한 채 끙끙 앓는 사람에게는 어려울지도 모릅니다. 하지만 일대일 대화나 친한 사람과의 교제 등 자신이 할 수 있는 범위에서 분위기 바꾸기에 도전해보는 일은 매우 중요합니다.

아직 잘 모르는 사람과 관계를 시작할 때는 가벼운 잡담으로 대화의 문을 엽니다. 만약 잡담이 어렵다면 미리 연습해보는 것도 좋은 방법입니다.

잡담으로 연결고리를 만들었다면 그 다음 필요한 것은

공통의 관심사를 끄집어내는 것입니다. 이 단계까지 왔다면 그다음부터는 자연스럽게 자신의 삶과 생각을 나누면 됩니다.

서두르지 말고, 조급해하지 말고, 경쟁하지 않으면서 조금씩이라도 분위기를 바꿀 수 있기를 바랍니다.

나에게 힘이 되는 한마디

민감한 사람은 분위기를 잘 파악하기 때문에
훌륭한 에어 컨디셔너가 될 수 있습니다.
서두르지 말고 자신이 할 수 있는 범위 내에서
조금씩 분위기를 바꿔보면 어떨까요?

친구가 많지 않아도
행복할 수 있다

저는 평소 파티나 술자리에는 거의 참석하지 않고, 서예교실 겸 집에 틀어박혀 느긋하게 생활합니다.

술을 못 마시기 때문이기도 하지만, 민감한 성향을 지닌 저에게 있어 복잡한 인간관계는 스트레스와 피로감을 유발하기에 그런 자리를 피하는 것도 큰 이유 가운데 하나이지요.

저는 제 인생에서 가장 중요한 것을 우선으로 삼고 나머지는 과감하게 잘라냅니다.

가족과 함께하거나 친한 친구를 만나는 시간, 혼자 지내는 시간은 가장 소중한 시간입니다. 모르는 사람들이 모이는 파티도 좋지만, 방송이나 작품 기획을 함께 진행하는 동료들과 이야기를 나눌 때가 더 즐겁습니다.

그런데 저는 친구에 대한 정의가 좀 색다릅니다.

저한테 친구는 '그 자리를 함께 나누는 존재'입니다. 즐겁게 식사를 하면서 "이거 맛있네요" 하고 공감만 해도 제 기준에 따르면 친구입니다. 만난 횟수는 중요하지 않습니다.

또, 책을 만들거나 방송을 제작하는 스태프와는 보통 친구들과 이야기할 때보다 깊고 진지한 교류를 하므로 그들도 소중한 친구입니다.

만약 친구가 적다거나 새 친구를 못 만든다는 이유로 고민하는 사람이 있다면 저처럼 친구의 기준을 느슨하게 잡는 것도 하나의 방법입니다.

모르는 사람들이 모이는 파티에 꼭 참석해야 할 때 '그 자리에 자연스럽게 녹아들 수 있을까?' '사람들한테 맞추는 게 피곤하다' '앞으로도 관계가 이어지는 건 귀찮은데'라고 생각한다면 그렇게 생각하는 것만으로도 지치고 말 겁니다.

차라리 그 자리를 함께 즐긴 사람은 모두 친구라고 생

각하는 편이 낫지 않을까요?

'친한 친구'의 수가 많을수록 잘났다거나 행복하다고 생각하는 건 고정관념입니다. 친한 친구가 백 명이라면 그 모두와 제대로 사귈 수 없을 테니 말입니다.

저는 친구가 많아서 나쁠 건 없지만 숫자를 늘리기 위해 친구를 만들 필요는 없다고 생각합니다.

정말로 친한 친구가 한 명이라도 있으면 그걸로 충분하지 않을까요?

나에게 힘이 되는 한마디

친구가 많을수록 잘난 사람인 것도 아니고,
만난 횟수로 친구인지가 결정되는 것도 아닙니다.
서로 공감하고 함께 즐거워한 사람은 모두 친구입니다.

"다른 사람과 관계 맺는 것이 버겁게 느껴진다면
나 자신에게 초점을 맞추고
잠시 혼자만의 시간을 갖는 것도 필요합니다."

상대방의 이야기에
진지한 호기심 갖기

　　　　　'처음 만나는 사람 눈에 나는 어떻게
비칠까? 가능하면 좋은 인상을 주고 싶다.'

　남들보다 민감한 당신은 이런 불안과 기대가 보통 사
람보다 강할 테고 저 또한 그렇습니다.

　앞에서 언급했던 것처럼 저는 제 말과 행동이 상대방
에게 상처를 줄 수도 있다는 생각에 걱정하는 스타일이
기 때문에, 제 기분이 상대방에게 어떻게 전달될지 상당
히 신경을 씁니다.

　사람은 누구나 상대방에게 좋은 인상을 주기를 바랍니
다. 하지만 저는 좋은 인상을 주기 위한 작전을 세우거나
좋은 사람인 척 연기하지는 않습니다.

제 생각은 단순합니다. 상대방의 생각은 어차피 알 수 없기 때문에 그가 무슨 생각을 하는지 신경 쓰지 않는 대신 그에게 호기심을 가지는 것입니다. 이것이 제가 짜낼 수 있는 최대의 작전입니다.

'상대방을 좋아하고 존경한다. 그리고 호기심을 가진다.'

진지한 호기심을 가지고 대하는데 기분 나빠할 사람은 없습니다.

저는 지금까지 150명 이상의 저명인사와 대담을 했는데, 그때도 마찬가지였습니다. 대담 전에 준비는 최소한으로만 합니다. 정보를 지나치게 많이 모으고 나면 진한 색안경을 끼게 될 수 있기 때문입니다.

덕분에 여러 프로듀서와 편집자에게 이야기를 잘 끌어낸다는 칭찬을 받았는데, 상대방에 대한 제 호기심이 진짜였기 때문이라고 생각합니다.

실제로 대담 중에는 어떻게 하면 좋은 이야기를 끌어낼 수 있을지 생각할 여유가 없을 만큼 '이제 저분이 어떤 말을 할까? 어떤 멋진 이야기가 기다리고 있을까?' 하고 두근거리는 마음으로 이야기를 나누느라 바쁩니다.

그 자리에 존재하는 것은 호기심밖에 없습니다.

미리 준비하는 것을 굳이 꼽자면, 상대방의 이야기에 호기심은 가지지만 판단은 하지 않겠다는 마음가짐입니다. 그래서 상대방도 안심하고 자신의 속 이야기를 하는 것인지 모릅니다.

대화를 캐치볼에 비유하자면, 친구와 기분 좋게 캐치볼을 하고 있을 때 자세가 안 좋다거나, 똑바로 던지라거나, 공을 더 멀리 던져야 한다고 잔소리를 들으면 기분이 나빠지겠지요. 대화도 이와 마찬가지여서 지적을 당하면 진심을 말할 생각이 들지 않습니다.

그런 의미에서 저는 MC인 타모리 씨가 대담을 참 잘한다고 생각합니다.

예전에 그가 진행하는 〈와랏테 이이토모!(웃어도 좋고말고!)〉라는 방송의 '텔레폰 쇼킹'이라는 코너에 출연한 적이 있습니다. 그는 일단 본인부터 매우 편안하게 방송을 하고, 제 이야기를 흥미롭게 들어주었습니다. 제 말에 대해서 어떤 판단도 내리지 않아 예민한 저도 전혀 긴장하지 않고 이야기를 할 수 있었지요. 대화의 달인이자 천재라는 생각이 들었습니다.

상대가 편안하게 이야기할 수 있도록 이끄는 건 누구나 할 수 있는 일은 아니지만, 상대방에게 호기심을 갖거나 상대방의 이야기를 듣고 판단하지 않는 것 정도라면 조금씩 따라 해볼 만할 것 같습니다.

나에게 힘이 되는 한마디

상대방의 이야기를 판단하지 말고 호기심을 갖고 대화해 보세요.
인간관계가 편안해집니다.

마음을 전하고 싶다면
사랑의 공을 던져라

상대방의 기분을 지나치게 살피다가 먼저 행동하지 못하는 때가 누구나 있을 겁니다.

아마 가장 흔한 경우가 이성에게 고백하는 것이겠지요.

마음에 드는 사람이 있지만 거절당할까 봐 두려워서 혹은 지금까지의 관계를 무너뜨리기 싫어서 먼저 말을 꺼내지 못하는 경우가 있습니다. 누구나 이런 경험이 있겠지만, 상대방의 반응을 지나치게 생각하면서 전전긍긍하기에는 인생이 아깝다는 생각이 듭니다.

다시 말하지만 상대방이 어떻게 나올지는 내가 먼저 행동해보지 않으면 알 수 없습니다.

일전에 텔레비전에서 인기 연예인들이 '연애에 서툰

동경대생'과 대화를 나누는 것을 본 적이 있습니다.

이 방송을 보면서 저도 상당히 공감했습니다. 좋아하는 사람에게 고백하지 못하고 고민하는 남학생에게 출연자들은 "그냥 고백하면 되죠" "거절당할지도 모르지만 지나치게 치근대지만 않는다면 고백을 받은 사람도 기분이 나쁘진 않을 거예요"라고 조언했습니다.

고백을 받는 사람 입장에서 생각해보니 정말 그랬습니다. 좋아한다는 말을 듣고 곤란할 일은 없겠지요. 물론 거절당하고서도 끈질기게 따라다닌다면 귀찮고 싫겠지만 말입니다.

방송이 '아니요'라는 말을 듣기 전까지는 포기하지 말고 일단 고백하자는 분위기로 흘러갔을 때, 저는 이것이 연애뿐 아니라 모든 인간관계와 비즈니스에서도 똑같이 적용된다는 생각을 했습니다.

아직 '아니요'라는 답변을 들은 것도 아닌데, 답변을 듣기는커녕 제안도 하지 않았으면서 혼자 포기하는 경우가 상당히 많습니다.

감사하게도 제게는 매일 다양한 일 의뢰가 들어옵니다. 몸이 하나라 힘에 부쳐서 거절하는 경우도 있고, 스케

줄이 차 있는 경우도 있으며, 가슴 뛸 만한 일이 아니라 거절할 때도 있습니다.

하지만 성의가 느껴지는 의뢰를 받았다는 사실만으로도 기쁘고, 서면이나 전화 목소리에서 호의가 느껴지면 '아니요'라고 답하면서도 미안한 마음이 듭니다. 어쩌다 그 시점에 인연이 닿지 않았던 것뿐이지 상황이 바뀌면 언젠가 함께 일하고 싶다는 생각도 듭니다.

그러니 '아니요'라는 답변을 들었다고 부정적인 기분에 휩싸일 필요는 없습니다.

벌써 15년이나 지난 일이지만 인상 깊었던 에피소드가 떠오릅니다. 어느 날 한 상가 엘리베이터를 탔는데 함께 탄 여성이 들고 있는 가방이 아주 근사했습니다. 그래서 저도 모르게 "그 가방, 귀엽네요"라는 말이 나왔습니다. 모르는 사람이 갑자기 말을 건네니 그녀는 놀라면서도 "제가 만든 거예요"라고 대답해주었습니다.

남녀 단둘만 탄 엘리베이터에서 말을 걸면 여성은 의심의 눈초리를 보낼 수도 있습니다. 하지만 저는 흑심이 있었던 게 아니라, 순수하게 가방에 흥미가 있어서 말을 걸었습니다. 그녀도 그 사실을 분위기로 느꼈던 것 같습니다.

인연이란 게 참 신기해서 제가 "정말요? 직접 제작하신 거예요?" 하고 놀라워하면서 대화를 이어가다 보니 지갑 제작을 요청하게 되었고, 그 후로도 그녀의 작품을 애용하고 있습니다. 저로서는 믿고 신뢰할 만한 가방 제작자를 만났으니 그때 말 걸기를 잘한 것이지요.

우리는 상대방에게 마음을 전달하기 전부터 지나치게 걱정하는 경향이 있는데, 마음을 전하지 않아서 좋은 인연을 잃는 게 훨씬 더 안타깝다는 생각이 듭니다.

진지하다면 사랑의 공이나 호기심의 공을 과감하게 던져도 괜찮습니다.

나에게 힘이 되는 한마디

누구나 거절당할까 봐 불안한 마음이 있습니다.
하지만 먼저 공을 던져보면 의외로 일이 잘 풀릴 수 있습니다.

대화할 때는
'밝음' 키워드를 입력하라

지나치게 생각이 많으면 좋지 않지만, 생각한다는 건 본래 훌륭한 일입니다. 생각할 때의 자세만 주의한다면 말입니다.

진지한 일일수록 밝은 표정으로 생각해야 합니다.

사람들은 문예가들의 집필 풍경이 담긴 사진이나 시험 공부를 하던 기억 때문인지, 생각한다고 하면 심각한 표정으로 고개를 푹 숙인 채 고민하는 모습을 떠올리고는 합니다.

저는 그래서는 안 된다고 생각합니다. 인간은 본성상 어두운 얼굴을 하고서는 밝고 희망에 찬 생각을 할 수 없습니다. 어두운 표정으로 생각하면 아무래도 어두운 방향으로 생각이 흐르게 됩니다.

앞으로의 일에 대해서 회사에서 회의할 때나 집에서 대화할 때, 우울한 표정을 하고 낮은 목소리로 한숨을 섞어가며 이야기하다 보면 아무래도 부정적이고 어두운 생각을 하게 됩니다. 부정적인 정보나 변명거리, 할 수 없는 이유, 불평불만 따위가 테이블 위에 죽 늘어서겠지요.

어두운 표정으로 생각하는 행위는 인터넷 검색창에 '앞으로 어떻게 하지? 어둡다, 불안'이라고 입력하고 정보를 모으는 것이나 마찬가지입니다.

'불안'이라는 단어를 넣었으니 부정적인 검색 결과가 쏟아져 나오겠지요.

우리 뇌도 검색 엔진과 같은 구조로 되어 있어서 어두운 표정(불안)으로 생각하면 발상이 어두워지게 마련입니다. 그래서 회의를 할 때도 참석자의 표정이 어두우면 회의를 접는 편이 낫습니다.

이와 반대로 미소를 띤 밝은 표정으로 대화를 나누면 '앞으로 어떻게 하지? 밝다, 희망'으로 입력하고 검색한 결과가 나옵니다. 제 경험인데 이 방법은 상당히 효과가 좋습니다. 새로운 아이디어가 떠오르거나 좋은 소식이

들려옵니다.

여행 계획을 짤 때는 누구나 표정이 밝습니다. 밝은 표정에 밝은 소재가 모입니다. 좋은 아이디어, 정보, 사람, 물건, 행운 등이 모입니다.

"이제 어떻게 할까요?" 하고 웃으며 즐겁게 이야기하면 즐거운 일만 생각하게 됩니다.

그런데 회의실에서 대화를 나누면 모두가 계속 밝은 얼굴을 유지하기가 사실상 어렵습니다. 그래서 저는 사무실에서 회의를 하지 않습니다. 밖에서 점심을 먹으면서 혹은 바닷가를 산책하면서 사람들과 아이디어를 나눕니다.

혹 피치 못할 사정으로 회의실에서 하게 될 때는 사람들을 웃게 해서 회의를 좋은 방향으로 이끌어가려고 애씁니다. 커다란 코가 달린 파티용 안경을 쓰고 이야기하거나 하면서 말입니다.

항상 밝게 이야기하는 것만이 좋다고는 할 수 없지만, 밝게 하느냐 어둡게 하느냐로 따지면 밝은 쪽이 좋지 않을까요?

저는 항상 이런 식이기 때문에 주위 사람들에게 "다케

다 씨랑 있으면 부정적으로 생각할 수가 없어요"라는 말을 듣습니다. "선생님과 함께 있으면 밝아져요" "고민할 수가 없답니다" "무엇 때문에 고민했는지 잊어버렸어요" "고민했던 나 자신이 바보같이 느껴집니다"라는 말을 들을 때도 있습니다.

실제로 제 앞에서는 부정적으로 말하는 게 더 어려울지도 모릅니다. 저는 대화 속에 반드시 '밝음' 키워드를 넣기 때문입니다.

다만 민감한 저는 이렇게 행동하는 것이 혹시 긍정을 강요하는 건 아닌지 걱정할 때도 있지만 말입니다.

나에게 힘이 되는 한마디

진지하게 생각할수록 표정이 어두워지게 마련입니다.
웃는 얼굴로 생각하면 자연스럽게 좋은 아이디어가 떠오릅니다.

6장

편의점에 가듯
가벼운 마음으로 살아가자

고민하기 전에
먼저 행동하라

제가 고민하지 않는 이유는 고민하기 전에 행동부터 하기 때문입니다.

어린아이가 기차나 비행기 안에서 떼를 쓰며 울 때, 아이가 왜 우는지 고민만 하고 아이를 그대로 내버려 두는 부모는 없겠지요.

여러 가지 방법을 써보고 물건으로 아이의 관심을 돌리기도 하면서 어떻게든 울음을 그치게 만들려고 할 겁니다. 일단 뭐든지 해보고 안 되면 또 다른 방법을 생각하겠지요.

이와 마찬가지로 어떤 문제가 생겨서 고민이 된다면 우선 움직여야 합니다. 머리로 생각할 게 아니라 내가 할 수 있는 일부터 하는 것이지요.

어떤 행동이든 상관없습니다. 타인과 결부된 문제가 있을 때는 움직여보지 않으면 무엇이 정답인지 알 수 없습니다.

마음이 안 맞는 사람과 삐걱거리고 있다면 감사의 말을 전하거나 식사 자리를 마련해볼 수도 있습니다. 반대로 한동안 연락을 끊어보는 것도 방법입니다. 일단 이것저것 시도해보는 게 중요합니다.

무언가를 익힐 때도 마찬가지입니다.

서예교실에서도 "뭐부터 시작하면 좋을까요?"라는 질문을 자주 받는데, 제 대답은 항상 똑같습니다.

"뭐든지 좋으니까 일단 시작해보세요."

시작은 무엇이 되든 상관없습니다. 일단 만년필을 사는 것부터 시작해도 좋고, 사인펜도 괜찮습니다. 형식부터 갖추고 싶은 사람은 고급 서예 용품을 사서 동기부여를 해도 좋고, 반대로 돈이 아깝다면 100엔 숍에서 사도 괜찮습니다.

"어떻게 하면 붓글씨를 잘 쓰게 되나요?"라는 질문에 대해서도 마찬가지입니다. 연습하다 보면 누구나 벽에 부딪힐 때가 있는데, 그럴 때도 고민해봤자 해결되는 일은 하나도 없습니다.

생각이 많은 사람은 습자지 앞에 앉아서 왜 잘 안 써지는지, 재능이 없는 건 아닌지 고민만 합니다.

그러다 보면 '난 어려서부터 선생님의 칭찬을 받지 못했어' '운동신경이 안 좋았어' '우리 부모님도 글씨를 못 쓰잖아?' 하면서 자신이 글씨를 못 쓸 수밖에 없는 이유를 계속 모으게 됩니다.

특히 남들보다 민감하거나 기질상 생각이 많으면 긍정적으로 생각하기가 어렵습니다.

마음처럼 안되는 이유를 생각할 게 아니라 연습을 하는 게 실력 향상의 지름길입니다. 연습을 해도 잘 안 된다면 붓을 바꿔보거나 붓 쥐는 방식을 다르게 해보는 방법도 있습니다. 선생님에게 조언을 구하거나 선생님이 어떻게 쓰는지 관찰하는 방법도 있습니다. 벽을 넘어서기 위한 방법은 무한합니다.

우리가 생각이 지나치게 많은 이유는 책상에 앉아서 암기 중심의 공부를 하는 교육을 받아온 탓이라고 생각합니다.

인생에서 가장 중요한 십수 년 중 대부분을 책상에 앉아 공부만 했으니 아무래도 그 영향이 크겠지요.

창의력은 움직임 속에서 나옵니다. 그렇기 때문에 몸을 움직이는 운동이나 행동을 동반하지 않은 채 계속 생각만 하면 인생이 괴로워집니다.

저는 대학교 때 정보과학을 배웠기 때문에 정보과학의 관점에서 설명하자면, 현대인에게는 인풋밖에 없습니다. 정보를 얻거나 배우는 것은 훌륭한 일이지만, 아웃풋은 없고 인풋만 있기 때문에 항상 같은 지점에 멈춰 서서 고민하는 사람이 많습니다.

온라인 사업을 시작하고 싶다고 생각했을 때 학원에 다니면서 프로그램 언어나 홈페이지 제작 방법 등을 배우려고 하는 사람이 있습니다. 공부부터 해보겠다는 것이지요.

하지만 제 생각에는 곧바로 시작하는 편이 나을 것 같습니다. '먼저 집에서 오늘 완성할 수 있는 사이트를 만들어보자' '우선 인터넷으로 물건 하나를 팔아보자'는 식으로 말입니다.

홈페이지 정도는 책이나 인터넷을 검색하면 30분이면

무료로 만들 수 있는 시대입니다. 잘 모르면 인터넷에 검색하거나 아는 사람에게 물어보면 해결할 수 있습니다.

실제로 사고파는 경험을 해보지 않으면 장사에 대해 절대로 알 수 없습니다. 저는 MBA 학위를 가지고 있는 것보다 작은 가게라도 좋으니 진짜로 장사를 경험해보는 편이 도움이 된다고 생각합니다.

먼저 행동하고 그 후에 생각해도 늦지 않습니다.

한번 해보고 앞으로 어떻게 할지 구체적으로 생각하는 일은, 그저 고민만 하는 것과는 다릅니다.

나에게 힘이 되는 한마디

민감한 사람은 고민이 많기 때문에 쉽게 행동하지 않습니다.
그러나 정답이 무엇인지는 움직여보지 않으면 알 수 없습니다.
생각은 행동한 다음에 해도 충분합니다.

"고민된다면 일단 움직여보는 것도
하나의 방법이 될 수 있습니다.
뭐든지 좋으니까 시작해보세요!"

주저하면 불가능한 이유만
떠오른다

번지점프를 해본 적이 있으신가요?

번지점프를 할 때는 안전고리를 장착하고 뛰어내릴 때까지 제한시간이 있습니다. 이 경험에서 나온 이론이 '일단 하기로 결정했다면 마음을 다잡고 할 수밖에 없다'는 번지점프 이론입니다.

고소공포증이 있는 저는 번지점프에 도전하는 사람이 존경스러운데, 경험자의 말을 들어보니 점프대 위에 서면 뛰어내릴 수밖에 없다고 합니다.

하지만 뛰어내리기 직전에 포기하는 사람도 있습니다. 그들이 뛰어내리지 못한 이유는 뛰어내릴 수 없는 여러 가지 이유를 생각하기 때문입니다. 갑자기 줄이 낡아 보이거나 나사가 헐거워 보이는 등 여러 가지 결점이 점점 눈에 들어오기 시작하는 것이지요. 잠깐만 기다려달라 하고 스마트폰으로 검색했더니 '번지점프 사망률'이 뜨면 어떨까요?

앞에서 이야기한 비행공포증과 마찬가지입니다.

번지점프를 하려고 일부러 멀리서 왔으면서 뛰어내릴 수 없는 이유를 필사적으로 찾기 시작합니다.

이것은 재미있으면서도 조금 우스운 예지만 우리 일상 생활에도 이런 일이 많습니다.

인간은 계속해서 아웃풋(행동, 실천)을 하지 않으면 할 수 없는 (하지 않을) 이유를 생각하는 습성이 있다는 말입니다. 한 예로 번지점프대 위에서는 전혀 공포를 느끼지 않았던 사람도 뛰어내릴지 말지를 사흘간 생각하라고 하면 마음이 약해질 겁니다.

따라서 무언가를 하고 싶다는 생각이 들었다면 우선 행동으로 옮겨야 합니다. 다치지 않도록 안전성은 확인해야 하겠지만 번지점프대 위에 서서 인터넷 검색을 한들 아무것도 바뀌지 않습니다.

지금 당신도 할 수 없는 여러 불가능한 이유를 찾아가

며 해야 할 일을 미루고 있진 않습니까?

시간이 지날수록 공포심은 더 커지고 마음만 괴로워진다는 사실을 잊지 마시기 바랍니다.

나에게 힘이 되는 한마디

극도로 민감한 사람은 불안과 공포심에 취약합니다.
상상력과 창의력이 풍부한 만큼 지나치게 걱정하고 불안해하는
부정적인 측면도 가지고 있지요.
불안을 삶의 자연스러운 부분으로 받아들이고
일단 무엇이든 시작해본다면
어느새 불안이 사라진 자신을 발견할 수 있게 될 겁니다.

'왜?'라고 묻지 말고 '어떻게 할까?'를 생각하라

앞에서 언급했듯이 저는 몇 년 전 담석증으로 쓰러졌습니다. 치료를 받으면서 의사선생님께 왜 담석이 생겼는지 물었는데 전혀 뜻밖의 대답이 돌아왔습니다.

"원인은 아무도 모르니까 궁금해하지 마세요."

담석증의 원인은 너무나 다양합니다. 어린 시절부터 이어져 온 식습관 때문일지도 모르고, 유전일지도 모르고, 생활습관이나 스트레스 때문일지도 모릅니다.

저는 의사 선생님 말을 깊이 새겨들었습니다.

제가 병에 걸렸을 때 어머니는 당신 때문인 것 같다며 미안하다고 했습니다. 아내도 식단이 잘못됐던 건 아니었을까 괴로워했지요.

돌아보면 젊은 시절에는 기름진 식사를 할 때가 많았고 과자도 무척이나 좋아했습니다. 일하면서 스트레스를 받기도 했고 대인관계로 고민하기도 했습니다. 스스로는 긍정적이라고 생각했지만, 사실은 부정적이었을지도 모릅니다. 민감한 성격 탓에 과도한 자극을 받은 날은 잠을 깊이 자지 못할 때도 많았습니다. 이렇게 생각하기 시작하니 끝이 없었습니다.

다른 사람의 기분을 추측하는 것과 마찬가지로 병의 원인을 찾기 시작하면 깊은 정글 속에서 길을 잃게 됩니다.

그때 저는 왜 담석이 생겼는지 원인을 찾기보다는 앞으로 어떻게 할지 생각하는 편이 더 낫다는 사실을 깨달았습니다. 영원히 답이 나오지 않는 일로 고민하고 후회하기보다는 또다시 담석이 생기지 않도록 생활하는 방법을 생각하는 편이 의미도 있고 행복에 가까워질 수 있습니다.

앞에서 문제를 해결하려면 '세분화해서 생각'해야 한다고 말했는데 이 경우도 마찬가지입니다. 전화회선을 수리할 때처럼 고장의 원인을 우선 밝혀내야 하는 경우가 아니라면, 원인을 알 수 없는 문제에 대해서는 왜 그렇게 되었는지 고민하지 말고 앞으로 어떻게 할지를 생각하는 것이 현명합니다.

민감한 성향을 가진 사람일수록 자기 자신을 비난하지 말고 문제를 해결하기 위한 방법에 집중해야 합니다.

나에게 힘이 되는 한마디

당신이 민감한 성격 탓에 부정적인 사고 방식을 갖고 있다면 긍정적인 사고 방식으로 전환하기 위한 노력이 필요합니다. 통제할 수 없는 일에 스트레스를 받을 필요는 없습니다.

민감한 나를 이끌어줄
인생의 신조 만들기

　　　　　　　　심플하게 살자는 말이 유행하고 있습니다.

심플에는 '단순' '검소' '간단' 등 다양한 정의가 있겠지만, 제가 실천하고 있는 심플라이프는 인생의 비전을 압축하는 것입니다.

구체적으로는 회사를 그만두었을 때 '즐길 낙(樂)'이라는 한자 하나를 제 인생의 지침으로 삼았습니다.

당시에는 시간이 남아돌았기 때문에 세속적인 희망을 포함해서 앞으로 어떤 인생을 살고 싶은지 다양한 각도에서 생각해보았습니다. 세상 사람들의 이름을 붓으로 써보고 싶다, 돈 걱정 없이 살고 싶다, 서예교실 학생이 늘었으면 좋겠다…….

이렇게 여러 가지를 떠올리다가, 인생의 지침을 딱 하나로 줄여 한자 하나로 표현한다면 어떤 글자로 할지에 생각이 미쳤습니다.

성(誠), 심(心), 강(强) 등 다양한 후보가 있었는데 결국 낙(樂)으로 정했습니다.

'편안하게 즐기자'는 뜻에서였습니다.

이렇게 인생 지침을 정하기 잘했다고 생각하는 이유는, 스스로의 행동을 판단할 수 있는 기준이 명확해졌기 때문입니다. 고민할 일이 없어졌습니다.

제 '낙'의 원칙은 다음 네 가지입니다.

1. 스스로 편안할 것
2. 스스로 즐길 것
3. 다른 사람을 편안하게 해줄 것
4. 다른 사람을 즐겁게 해줄 것

지금 스스로 편안하지 않다는 생각이 들면 마음을 편안하게 갖도록 노력합니다.

즐겁지 않다는 생각이 들면 즐겁게 만듭니다.

다른 사람이 괴로워 보이면 그 사람의 마음이 편안해지도록 돕습니다.

다른 사람이 지루해 보이면 즐겁게 해줍니다.

제가 무언가를 판단할 때 생각하는 것은 이것뿐입니다.

그래서 나는 재미있어도 상대방이 재미없어 보이면 하지 않습니다. 나는 편해도 다른 사람들이 불편해 보이면 역시 하지 않습니다. 아주 심플합니다.

만화 〈근육맨〉의 주인공 이마에 '육(肉)'이라는 글자가 새겨져 있는 것처럼 저도 제 이마에 '낙'이라고 쓰고 싶을 정도입니다.

저는 이 글자를 집 현관과 교실 등 눈에 잘 띄는 곳에 걸어놓았습니다.

'고민이 된다면 어려운 길을 택하라'는 식의 명언도 있지만, 저는 절대로 어려운 길을 택하지 않습니다. 즐거워 보이는 길로 갑니다. 편안해지기 위해서 궁리합니다.

덕분에 제 개성도 확실해진 것 같습니다. 힘든 모습이 보이지 않는다거나 엄청나게 마음 편해 보인다는 말을 자주 듣습니다. 어떤 방송에 출연했을 때는 힘든 모습이 전혀 안 보인다는 이유로 기획이 성사되지 않았던 일도 있습니다.

물론 그렇다고 해서 슬픔이나 고통을 부정하는 것은 아닙니다. 저도 인간이기에 슬플 때도 있고 괴로울 때도 있습니다. 예민한 성격 탓에 사는 게 많이 힘들었습니다. 즐겁고 편안하게 살자는 것은 어디까지나 저의 행동 지침일 뿐입니다. 길을 잃고 헤맬 때 돌아갈 수 있는 장소, 말하자면 고향 같은 것이지요.

참고로 인생의 지침으로 삼을 만한 한 글자는 중간에 바꿔도 상관없습니다. 한 번 정했다고 해서 거기에 얽매여 괴로워한다면 '낙'이 아닐 테니까요. 하지만 저는 결코 바뀌지 않았습니다. 지금까지 여러 갈래의 길을 걷다가도 항상 이곳으로 되돌아왔습니다.

"당신은 어떤 사람입니까?"

누가 이렇게 묻는다면 "저는 편안한(樂) 사람입니다"라고 대답하겠습니다.

사람들에게 아무리 비판받아도 아무렇지 않습니다. 쉽게 가려고 해서는 안 된다, 더 고생해봐야 한다는 말을 들어도 저는 이것만은 절대로 바꾸지 않을 거라고 말합니다. 서예는 그렇게 편안하고 만만한 게 아니라는 말도 들었지만 편안함만은 포기할 수 없습니다.

말은 이렇게 하지만 물론 제가 잘못했을 때는 곧바로 사과하고 고치려고 노력합니다. 저는 '낙'을 제외하고 다른 부분에서는 자존심이 없습니다.

여러분도 꼭 한자 하나로 행동 지침을 정해보시기 바랍니다. 한 글자가 어렵다면 두 글자도 상관없습니다. 중간에 바꿔도 괜찮으니까 편안한 마음으로 지금 바로 써보시기 바랍니다.

인생이 바뀔지도 모릅니다.

나에게 힘이 되는 한마디

인생의 주제를 한 글자로 표현해보세요.
그 글자가 길을 잃고 헤맬 때 무사히 돌아올 수 있는
안식처가 되어줍니다.

"인생의 지침으로 삼을 만한 한 글자가 있나요?
중간에 바꿔도 상관없습니다.
편안한 마음으로 정하면 됩니다."

모든 일을 놀이하듯
쉽고 즐겁게 생각하라

제가 운영하는 서예교실에는 '모든 일을 놀이 감각으로 하라'는 표어가 붙어 있습니다.

이것은 제 삶의 방식을 나타내는 중요한 표어입니다. 저는 작품을 쓰는 일이나 강연, 방송 출연, 게임과 서핑, 여행, 가족과의 대화 모두를 놀이처럼 생각합니다.

예를 들어 출판 편집자들과 회의를 하는 것도 저에게는 즐거운 놀이입니다.

분야와 연령, 경험과 취미가 다른 프로들끼리 좋은 책을 만들자는 하나의 목적 아래 모여서, 솔직하게 의견을 교환할 때 발생하는 화학반응이 어찌나 즐거운지 이만한 놀이가 없습니다.

물론 일과 사생활을 분명하게 나눠야 한다고 생각하는 사람도 있습니다. 세상의 눈으로 들여다보면 그것이 일반적인 생각이고, 제 방식이 특이한 것인지도 모릅니다.

하지만 사생활에서 고조되었던 기분이 일하면서 축 처졌다가 다시 휴일이 되어야 좋아진다면, 그게 더 복잡하고 귀찮지 않을까요?

일전에 도쿄 디즈니랜드에 갔을 때의 일입니다. 저는 카페에서 느긋하게 차를 마시며 다른 손님들을 관찰하고 있었습니다. 그런데 디즈니랜드 안에서는 아주 즐거워 보이던 사람들이 게이트를 나가는 순간 표정이 일제히 어두워지는 겁니다. '아, 다 끝났네' 하는 한숨 소리가 들리는 듯했습니다.

많은 사람이 휴일과 그다음 날에 이와 비슷한 마음의 동요를 반복하고 있을 거라는 생각이 들었습니다.

이런 요동치는 마음을 잡아줄 수 있는 방법 중 하나가 앞에서 소개한 마인드셋입니다.

저처럼 모든 일을 놀이처럼 하기는 어려울지 모르지만, 휴일 다음 날에 출근하거나 등교할 때 놀이동산에 가는 기분으로 갈 수 있다면 하루하루가 즐거워질 겁니다.

또한 남들보다 민감한 성향을 가지고 있다면 쉽게 자극을 받고 피곤해지는 본인의 성향을 파악하여 휴일에도 충분히 쉬어줘야 합니다.

근무 시간이 생각보다 길어질 때는 중간에 휴식 시간을 갖는 것도 좋습니다. 스스로 최상의 컨디션을 만들기 위해 노력해야 합니다.

나에게 힘이 되는 한마디

쉴 때는 기분이 좋아졌다가 일할 때는 안 좋아지는
생활을 하면 지치게 마련입니다.
모든 일을 놀이하는 감각으로 하는 것이 중요합니다.

편의점에 가듯 가벼운 마음으로 꿈을 이룬다

"방법 같은 건 상관없다는 선생님 말을 듣고 마음이 편해졌어요"라는 감사 인사를 자주 듣습니다.

생각해보면 방법 따위는 상관없다는 말을 공공연하게 하는 선생님은 별로 없을 것 같습니다.

저는 모두에게 이로운 삼포요시를 지향하면서도 편안함과 자유를 선택해 살고 있습니다.

'선택'이라고 하면 조금 무거운 느낌이 들기 때문에 젊고 밝은 느낌의 영어 '초이스(choice)'처럼 받아들였으면 합니다.

치즈 케이크와 생크림 케이크를 앞에 두고 "어느 걸 먹을래요?"라는 말을 들었을 때 "뭘 먹어도 상관없지만, 생크림 케이크로 할까요?" 하는 정도의 기분으로 말입니다.

즉 집착 없는 삶입니다. '낙'이란 그런 것이니까요.

저는 이런 삶의 방식을 편의점에 가는 감각과 같다고 정의합니다.

다들 너무 민감하고 착실해서 뭔가를 생각하다 보면 지나치게 진지해지는 경향이 있습니다. 긍정적으로 살아야 한다면서 부정적인 생각을 해버리고는 그런 자신을 원망하기도 합니다.

저는 복잡한 생각이 들 때마다 스스로에게 "편의점이야, 편의점" 하고 말합니다.

편의점에 잠깐 들르려고 할 때 '편의점에 못 가면 어떻게 하나?' '그 편의점이 아니면 안 되는데' 하고 진지하게 고민하는 사람은 없을 겁니다. '배가 고프니까 호빵이라도 사올까?' '삼각김밥이나 하나 먹을까?' '가는 김에 공과금도 내고 와야겠다' 정도로 가볍게 생각하는 게 보통입니다.

제가 하고자 하는 말은, 그 정도로 가벼운 마음으로 행동해도 꿈은 이루어진다는 겁니다. 아주 간단합니다. 물론 행동했을 때에 해당하는 이야기지만 말입니다.

사람들이 저를 짜증내지 않는 행복한 사람으로 보는 이유는 제 마음의 근간에 이런 사고방식이 있기 때문일지도 모릅니다.

참고로 편의점 이야기를 더 해보자면, 편의점 아르바이트생의 태도가 아주 불량해도 저는 별로 기분 나빠하지 않습니다.

'저런 사람도 있구나. 특이하네. 저렇게 살면 힘들 텐데'라고 생각하는 정도입니다. '가끔 저런 사람이 있어도 나쁠 건 없지' 하면서 웃어넘깁니다.

다른 사람에게 친절해야 한다거나 사회에 공헌해야 한다는 말도 그렇게 딱딱하게 받아들일 필요는 없을 것 같습니다.

물론 다른 사람에게 물건을 건넬 때 친절하고 상냥하게 말을 걸면 좋겠지요. 그런데 반대로 퉁명스럽게 "여기요" 하면서 음료를 건네거나 "먹고 싶은 게 있으면 저쪽에서 가져오세요"라고 말했을 때 오히려 편하게 느끼는 상대방도 있을지 모릅니다.

실제로 그 상황이 되어보지 않으면 모르는 일이기 때문에 어떤 방식이 좋다고 생각하기보다는 편의점에 삼각김밥을 사러 가는 정도의 감각으로 일단 행동해보기를 바랍니다.

나에게 힘이 되는 한마디

무엇보다 중요한 것은 자신의 민감한 모습을
있는 그대로 받아들이고 사랑하는 것입니다.
이런 마음을 갖고 생활하다 보면 어느새 자신감도 생기고
삶도 가벼워지는 자신을 발견하게 될 것입니다.

나가는 말

이 책을 쓰고 있을 무렵 어쩌면 이것도 삼포요시의 삶일지도 모른다는 생각을 하게 한 일이 있었습니다.

어떤 기업의 50주년 기념 서적 로고를 써달라는 의뢰를 받아서 작업을 했습니다.

그런데 완성작을 교실에서 말리던 중 한 학생이 작품에 먹물 한 방울을 떨어뜨리고 말았습니다. 그 학생은 얼굴이 새파랗게 질려서는 미안해서 어쩔 줄 몰라 했습니다. 사실 먹물을 떨어뜨릴 만한 곳에 작품을 놓아둔 제 잘못도 있었지요.

저는 항상 그래왔듯이 긍정적으로 생각하기로 하고, 떨어진 먹물 한 방울을 살리는 형태로 그림을 더 그려 넣었습니다. 그랬더니 원래 그렸던 것보다 더 멋있어졌습니다.

쥐 죽은 듯 조용하던 교실 분위기가 한순간에 "대단하다!" "나중에 덧붙여 그린 것처럼 안 보여"라면서 들썩였고, 실수를 한 학생도 안심하는 표정이었습니다.

도예의 세계에서도 깨지거나 금이 간 그릇을 복원하면 깊이감이 생기는 데다 일화까지 더해져 오히려 가격이 올라가기도 한다는데, 그와 비슷한 일이 일어난 게 아닌가 하고 말 그대로 자화자찬하고 있습니다.

이처럼 예민한 성격 탓에 사는 게 피곤했던 제가 '낙'을 삶의 주제로 삼고 난 후 많은 변화를 경험하게 되었습니다.

'민감'이라는 테마는 정말로 심오한 것 같습니다.

민감한 것, 분위기를 파악할 줄 아는 것은 참으로 훌륭한 일입니다. 민감한 사람은 부정적인 일에도 민감하지만 대상을 바꾸면 긍정적인 일에도 민감할 수 있습니다.

자신과 타인을 탓하거나 화내기를 그만두고 민감함을 조금씩 행복으로 이어가기를 바랍니다.

조급해하지 말고, 서두르지 말고, 경쟁하지 마시기 바

랍니다. 못해도 상관없다는 편안한 마음으로 해나가면 됩니다. 사실 민감한 사람일수록 더 빨리 행복해질 수 있습니다.

제가 경험한 일이기 때문에 단언할 수 있습니다.

민감한 당신은 아주 행복해질 수 있는 체질을 타고났습니다.

마지막으로 한 마디. 여러분께 제 진심을 담은 메시지를 전달하면서 마무리하고자 합니다.

"남들보다 민감한 자신을 탓하지 마세요.

그리고 누가 뭐라고 하든지 자신을 사랑하세요."

민감한 나로 사는 법

초판 1쇄 인쇄 2018년 3월 5일
초판 1쇄 발행 2018년 3월 10일

지은이 다케다 소운 **옮긴이** 김지윤 **펴낸이** 김종길 **펴낸 곳** 글담출판사

기획편집 박성연·이은지·이경숙·김진희·임경단·김보라·안아람
마케팅 박용철·임우열 **디자인** 정현주·박경은·손지원 **홍보** 윤수연 **관리** 박은영

출판등록 1998년 12월 30일 제2013-000314호
주소 (121-840) 서울시 마포구 양화로 12길 8-6(서교동) 대륭빌딩 4층
전화 (02) 998-7030 **팩스** (02) 998-7924
페이스북 www.facebook.com/geuldam4u **인스타그램** geuldam
블로그 http://blog.naver.com/geuldam4u

ISBN 979-11-86650-47-9 (03320)
책값은 뒤표지에 있습니다.
잘못된 책은 바꾸어 드립니다.

이 도서의 국립중앙도서관 출판시도서목록(CIP)은 e-CIP 홈페이지(http://www.nl.go.kr/ecip)
와 국가자료공동목록시스템(http://www.nl.go.kr/kolisnet)에서 이용하실 수 있습니다.
(CIP 제어번호 : 2018005104)

만든 사람들————
책임편집 김진희 **디자인** 정현주 **일러스트** 최진영

글담출판에서는 참신한 발상, 따뜻한 시선을 가진 원고를 기다리고 있습니다.
원고는 글담출판 블로그와 이메일을 이용해 보내주세요. 여러분의 소중한 경험과 지식을 나누세요.
블로그 http://blog.naver.com/geuldam4u **이메일** geuldam4u@naver.com